AF611181

ÉLOGE

D'ANTOINE-LOUIS SÉGUIER.

ÉLOGE

D'ANTOINE-LOUIS SÉGUIER,

AVOCAT GÉNÉRAL AU PARLEMENT DE PARIS;

L'UN DES QUARANTE DE LA CI-DEVANT ACADÉMIE FRANÇAISE,

Prononcé à une Séance publique de la 2e. classe de l'Institut, le 2 janvier 1806.

Par JEAN-ETIENNE-MARIE PORTALIS,

MINISTRE DES CULTES, GRAND OFFICIER DÉCORÉ DU GRAND CORDON DE LA LÉGION D'HONNEUR.

Membre de la classe de la Langue et de la Littérature française de l'Institut Impérial.

A PARIS,

Chez H. NICOLLE et CNIE., libraire, rue des Petits-Augustins, n°. 15.

De l'Imprimerie de la PRÉFECTURE DU DÉPARTEMENT DE LA SEINE, et des ANNALES DES ARTS ET MANUFACTURES, rue J.-J. Rousseau, n°. 14.

1806.

ÉLOGE

DE M. SÉGUIER.

L'ÉLOGE d'un Magistrat célèbre appartient à l'histoire même de la législation. Si les actions, les discours, les écrits de ce Magistrat se trouvent liés à de grands événemens politiques, l'intérêt que le sujet inspire, s'accroît de toute l'importance qui s'attache à ces événemens. L'homme sur qui j'appelle votre attention, occupait une des premières places dans la première cour souveraine de France. Il a vécu dans les derniers temps de notre ancienne monarchie, et au milieu des orages qui en ont précipité la chûte. En vous rappelant les titres qui lui obtinrent l'honneur d'être admis dans cette compagnie, je ne puis taire ceux qui le firent justement remarquer dans les pénibles et glorieuses fonctions auxquelles il s'était dévoué; les travaux du Magistrat développèrent en lui les talens de l'orateur, et les talens de l'orateur accréditèrent les travaux du Magistrat.

Antoine-Louis Séguier naquit à Paris le 1er. décembre 1726. Il appartenait à une famille ancienne et illustre dans la robe; ses ayeux lui avaient transmis un riche héritage de science, et de vertus. Si dans nos principes qui refusent tout à la vanité, et qui n'encouragent que le mérite, on peut parler encore de la naissance, comme d'un avantage réel, c'est quand elle perpétue, en faveur de ceux qui peuvent s'en prévaloir, des souvenirs honorables qui élèvent l'âme et la préparent aux grandes choses.

Lés jésuites furent les instituteurs du jeune Séguier; il était doué d'une mémoire prodigieuse, et il annonçait les plus heureuses dispositions pour l'art oratoire.

Au sortir du collége, il se consacra à l'étude des lois. Bientôt la carrière que ses ancêtres avaient parcourue avec tant de distinction, s'ouvrit devant lui; et en 1748, époque à laquelle il n'était âgé que de 22 ans, il fut pourvu de l'office d'avocat du Roi au Châtelet. On sait que le parquet de ce premier tribunal était comme le séminaire de la haute magistrature.

Les premiers succès de M. SÉGUIER hâtèrent son avancement ; et dès l'année 1751, il obtint la charge d'Avocat général au grand Conseil. Mais il ne fut à sa véritable place, que lorsque le choix éclairé du monarque l'eut désigné pour remplir l'office d'Avocat général au Parlement. Attaché à cette première cour de justice, dont la jurisdiction s'étendait à tout, et qui était dépositaire de la tradition entière de l'état, il devint éminemment, par sa nouvelle dignité, l'homme de la loi et l'orateur de la patrie.

Quelle admirable institution que celle d'une partie publique préposée, dans chaque tribunal, à la conservation des bonnes maximes, et au maintien de l'ordre commun ! Cette institution n'était pas connue des anciens ; chez les Romains, leurs formes populaires en excluaient l'idée ; on n'était point averti de la nécessité d'établir un magistrat pour exercer les droits du public, lorsque les droits du public pouvaient être indifféremment exercés par chaque citoyen. En France tant que la barbarie et l'ignorance ne permirent pas à nos pères de renoncer à l'usage absurde des combats judiciaires, qui se fut jamais résigné à remplir la périlleuse mission de se rendre *le champion de tous contre tous ?* Le croirait-on ? l'établissement d'une partie publique doit son origine à des principes de fiscalité. Nos anciens souverains vivaient de leurs domaines ; ils éprouvèrent le besoin de donner un défenseur au fisc menacé, dans les temps d'anarchie féodale, par des invasions et des entreprises journalières. Avec les progrès de la civilisation, on vit nos formes judiciaires s'améliorer ; insensiblement les circonstances inspirèrent des idées plus libérales et plus généreuses ; après avoir donné un défenseur au fisc, on créa un officier pour défendre les églises et les mineurs, pour protéger l'innocence, pour rechercher et poursuivre le crime. Ainsi naquit cette grande et belle institution, connue sous le nom de Ministère public, qui a préservé nos gouvernemens modernes de cette foule de délateurs devenus le fléau des familles et de l'Etat sous les Empereurs de l'ancienne Rome ; cette institution qui, sur tous les divers points d'un vaste empire, donne un organe à la loi, un régulateur à la jurisprudence, un appui consolant à la faiblesse opprimée, un accusateur redoutable au méchant, une sauvegarde à l'intérêt général contre les prétentions toujours renaissantes de l'intérêt particulier, enfin une sorte de représentant au corps entier de la société.

Appelé à ce sublime ministère qui demande des hommes puissans en paroles autant qu'en actions, M. SÉGUIER s'éleva à la hauteur des fonctions qui lui étaient confiées ; il parut avec éclat. Ses premiers pas avaient été dirigés par les exemples, et encouragés par la réputation de d'AGUESSEAU qui venait à peine d'être enlevé à la justice et aux lois ; il rencontra dans le barreau, dont il devenait le chef, des orateurs distingués, des jurisconsultes profonds ; il fut le contemporain de GERBIER ; l'un et l'autre signalèrent, par leurs talens, l'époque la plus brillante de l'éloquence judiciaire.

Le siècle de LOUIS XIV, si fertile en prodiges dans les beaux arts n'avait eu d'abord aucune influence sensible sur les harangues et les plaidoyers que l'on prononçait dans les tribunaux, et dont le ridicule fut mis en scène, avec tant de sel et de gaîté, par un de nos meilleurs poètes tragiques. L'éloquence de la chaire triompha dans ce siècle religieux ; celle du barreau demeura long-temps barbare. A côté des chefs-d'œuvre de BOSSUET qui déployait toute la pompe, toute la magnificence, toutes les richesses de l'art oratoire, les plaidoyers de LEMAITRE étaient pleins de tournures irrégulières, d'expressions vieillies ou inexactes, de figures exagérées; et hérissés de citations étrangères au sujet. PATRU avec une élocution plus correcte et une dialectique plus soutenue, méritait le reproche, si souvent répété, de faire intervenir les Carthaginois et les Romains à propos des sœurs d'un hôpital ou des marguilliers d'une paroisse.

Plusieurs causes s'opposaient à une révolution salutaire.

Les principaux ouvrages dans lesquels on était condamné à étudier la jurisprudence étaient écrits en langue morte; ils n'offraient au lecteur que les aspérités et la sécheresse de l'école; ils rendaient inutiles, pour lui, les progrès journaliers de notre langue nationale.

D'autre part la législation n'avait point d'ensemble : elle ne consistait que dans un amas informe de textes incohérens, recueillis sans choix et distribués sans ordre; dans une multitude de coutumes diverses et de décisions contradictoires, rédigées en idiômes populaires ou surannés. On ne pénétrait dans ce cahos qu'à l'aide d'une foule de commentateurs dont les définitions obscures et les interminables discussions fatiguaient l'esprit sans le fixer, et semblaient ne l'exercer qu'en l'égarant.

La littérature avait naturellement peu d'accès auprès de ceux qui ne craignaient pas de se vouer à un tel genre de recherches et d'instruction ; et tous les jours des hommes que ce genre d'instruction et de recherches décourageaient, désertaient le barreau pour la littérature.

En entrant dans la carrière des lois, on n'eût ôsé se livrer à l'idée d'un changement utile, lors même qu'on en eut senti la nécessité. On avait sous les yeux des maîtres qu'on était forcé de prendre pour modèles ; on les trouvait en possession de l'estime, de la confiance attachée à leur état ; il fallait marcher sur leurs traces, si l'on voulait partager leurs succès. On était destiné d'ailleurs à parler à des magistrats qui avaient blanchi dans l'exercice de leurs fonctions, dont on ne pouvait sans danger choquer les idées ou contrarier les habitudes ; à des magistrats qui pendant toute leur vie, avaient courbé leur tête sous le joug d'une accablante érudition, et ne permettaient à personne de le secouer. Autour du sanctuaire de la justice, il existait une classe nombreuse de praticiens chargés de diriger les citoyens dans l'observation des formes multipliées et souvent incertaines qui constituaient le mécanisme de l'attaque et de la défense judiciaires, et dont la plus légère omission pouvait compromettre les plus grands intérêts. Ces fonctions si propres à éteindre l'imagination et à dessécher le cœur, ne leur permettaient pas d'être sensibles aux mouvemens et moins encore aux beautés délicates de la véritable éloquence. Le public éclairé qui juge et qui fait les orateurs, n'intervenait point alors dans les controverses dont retentissent les tribunaux ; elles étaient uniquement abandonnées aux personnes que l'on regardait comme initiées dans les mystères de la législation.

L'antiquité offrait aux jeunes orateurs les harangues énergiques de DEMOSTHÈNES et les belles oraisons de CICÉRON. Qui le dirait ? ces admirables monumens contribuaient eux-mêmes à égarer des hommes qui n'avaient aucun égard à la différence des lieux, des personnes et des temps. Les connaissances et les talens ne manquaient point aux orateurs du barreau ; mais les orateurs du barreau manquaient de ce juste discernement qui met en place ce que le talent met en œuvre, qui règle l'usage des connaissances, et qui réussit souvent à les suppléer.

Cependant, le mouvement était donné. Quand une fois la route est ouverte, on ne s'arrête plus. Les chef-d'œuvres en tant de genres divers, qui excitaient l'enthousiasme et forçaient l'admiration, avaient produit une heureuse secousse dans les âmes. La fermentation devint bientôt universelle; les hommes de toutes les classes, de toutes les professions, étaient frappés de ce qui se passait autour d'eux; et on ne tarda pas, dans les différens départemens de la vie civile, à sentir le prix de la bonne culture et du véritable savoir.

Les avenues de la justice cessèrent d'être inaccessibles à l'influence du bon goût. Jusques là, les familles de robe avaient affecté une sorte de mépris pour la littérature, par le motif qu'elle pouvait être une rivale trop dangereuse pour la jurisprudence. Ces préjugés disparurent : on vit le grave et savant LAMOIGNON se délasser dans ses entretiens avec BOILEAU. La jeunesse destinée au barreau ou à la magistrature, reçut une éducation plus variée et plus brillante : les enfans du président LEPELLETIER furent élevés avec ROLLIN qui devait devenir un jour par ses ouvrages, le restaurateur des bonnes études, et j'ai presque dit, l'instituteur de la France. Un nouveau genre d'instruction donna une direction nouvelle aux talens et aux idées; et D'AGUESSEAU, aussi bon littérateur que grand magistrat, opéra dans le langage des lois, la même révolution que FONTENELLE a opérée dans celui des sciences.

Les lettres et les beaux arts marchent plus rapidement que la philosophie ; mais la philosophie est toujours plus ou moins contemporaine des lettres et des beaux arts. Comment la saine raison et le bon goût pourraient-ils être séparés ? Un esprit juste et observateur est nécessaire à tout : d'une grande justesse dans la manière d'observer et de discuter les objets, dépendent nos plus solides succès dans la manière de les représenter ou de les peindre.

Si D'AGUESSEAU ne fut, d'abord, principalement remarqué que par la pureté, l'élégance et l'harmonie de son élocution, c'est que la formation de la langue des tribunaux, jusqu'alors si barbare, était encore la grande affaire de son temps. Mais il y aurait de l'ingratitude à ne pas reconnaître que, dans les discussions judiciaires, on est redevable à ce magistrat de cette sagesse amie des convenances et de l'ordre, qui donna une forme régulière au discours, qui le dégagea de toutes les citations inutilement ingénieuses ou savantes, et qui fut un des premiers bienfaits de la philosophie naissante.

TERRASSON et COCHIN s'avancèrent sur les pas de D'AGUESSEAU. TERRASSON était plus disert qu'éloquent. COCHIN, plus orateur que TERRASSON, avait de la noblesse et de la force; il connaissait surtout l'art, si précieux en toutes choses, et si rare dans les affaires, de ne jamais rien dire de trop. Le barreau moderne dût à ces deux hommes ses premiers triomphes et son premier éclat.

A mesure que les talens prenaient un si grand essor, la masse de nos connaissances augmentait, et la philosophie, ou pour parler avec plus d'exactitude, l'esprit philosophique, en se développant dans la même proportions que nos connaissances, étendit partout son influence salutaire. On entreprit d'agir sur le fonds même de la législation et de la jurisprudence, après en avoir épuré et perfectionné le langage.

L'esprit philosophique est le coup d'œil d'une raison exercée. Il devient pour l'entendement ce que la conscience est pour le cœur. Je définis l'esprit philosophique, un esprit de liberté, de recherche et de lumière, qui veut tout voir et ne rien supposer; qui se produit avec méthode, qui opère avec discernement; qui apprécie chaque chose par les principes propres à chaque chose; qui ne s'arrête point aux effets, qui remonte aux causes; qui, dans chaque matière, approfondit les rapports pour découvrir les résultats, combine et lie les différentes parties pour former un tout; enfin qui marque le but, l'étendue et les limites des connaissances humaines, et qui seul peut les porter au plus haut degré d'utilité, de dignité et de perfection.

Déjà DOMAT, plus philosophe qu'on ne pense, avait conçu et exécuté le projet de réunir en un seul corps les nombreux matériaux épars dans les volumineuses collections de JUSTINIEN, et de présenter les lois civiles rangées dans leur ordre naturel. Mais il était réservé à MONTESQUIEU de faire luire un nouveau jour sur la grande science de la législation et des gouvernemens. La connaissance raisonnée de l'histoire et de la morale avait conduit ce grand homme à l'examen du droit public des nations, et des coutumes diverses qui les régissent. Dans ses vastes conceptions, il embrassa toutes les espèces de lois, politiques, civiles et religieuses; il nous fit apercevoir, entre elles, des relations qu'on ne soupçonnoit même pas avant lui; il les confronta avec les mœurs et le caractère de chaque peuple; avec le sol et le climat de chaque contrée. Au milieu des événemens qui ont si fréquemment agité le monde, il nous révéla l'origine des divers gouvernemens, leurs constitutions et leurs forces relatives ; il indiqua les causes successives de leur grandeur, de leur décadence et de leur chûte ; on eut dit qu'il avait reçu du ciel les balances d'or, pour peser la destinée des empires. Il sonda tous les mystères de la jurisprudence ; à travers les débris et les ruines qui nous restent des anciennes institutions, il sut distinguer l'ouvrage de la nature d'avec celui des hommes, et reconnaître les principes éternels de la souveraine équité. Il dissipa, pour ainsi dire, par un souffle de son génie, l'amas de poussière et de sable qui s'était amoncelé autour de l'édifice, et qui nous en dérobait les antiques et majestueux fondemens. Le cahos des lois fut débrouillé, et nous eûmes le plan, le secret des législateurs de tous les pays et de tous les siècles.

L'ouvrage de MONTESQUIEU électrisa toutes les têtes. Les instructions qu'il renfermait furent également utiles au souverain qui est appelé à faire des lois, au jurisconsulte et au magistrat qui sont chargés de les appliquer. On vit mieux et plus loin dans l'immense territoire des matières législatives.

On a dit que sans CUJAS, MONTESQUIEU n'eût pas fait son *Esprit des Lois :* cela peut être ; mais si j'ose en croire ma propre expérience, n'est-ce pas au contraire MONTESQUIEU qui nous a fait trouver des ressources secourables dans les longs et laborieux commentaires de CUJAS ? En nous éclairant, il nous a rendus plus sensibles les vérités qui étaient comme ensevelies dans les fastidieuses discussions de nos anciens auteurs, et que l'on peut comparer à des étincelles qui s'échappent au milieu d'une fumée capable de troubler la vue.

L'étude du droit privé avait entièrement fait oublier celle du droit public. En isolant ainsi, dans les contestations particulières, l'intérêt du citoyen des grands principes qui veillent sur l'intérêt de la société générale, on dépouillait les jugemens et les discussions destinées à les préparer, de toute leur importance et de toute dignité ; les choses se rapetissaient avec les hommes ; l'on avait même douté parmi nous s'il pouvait exister une éloquence judiciaire.

Ce doute injurieux cessa, dès qu'on fut parvenu à considérer les objets avec une certaine étendue, et à méditer en philosophe les questions dont on se disposait à parler en orateur.

Du temps de d'AGUESSEAU, la magistrature et

le barreau ne comptaient des écrivains et des orateurs distingués que dans la capitale ; et ces orateurs, ces écrivains étaient en petit nombre. Avec le progrès des lumières, le bon goût pénétra jusques dans les provinces. Cette raison supérieure qui élève et agrandit les idées, inspira la meilleure manière de les exprimer. Les éloquens discours des LACHALOTAIS, des MONCLAR, des DUDON, des CASTILLON, des SERVAN, devinrent des modèles pour la capitale même. L'art de penser, l'art de bien voir naturalisa partout l'art de bien dire.

C'est pendant le cours de cette nouvelle révolution que M. SÉGUIER avait commencé sa carrière.

Suivons ce magistrat dans l'exercice des augustes fonctions qu'il eût à remplir, et qui exigeant à-la-fois, et son intervention dans les principales affaires des particuliers, et sa surveillance immédiate dans les affaires générales, lui commandaient le sacrifice de sa vie entière à la chose publique.

La justice est la première dette de la souveraineté ; et les tribunaux ne sont établis que pour acquitter cette grande dette au nom du souverain. M. SÉGUIER, dans l'administration de la justice, était placé entre le tribunal suprême dont il devait préparer les oracles, et les citoyens dont il devait protéger les droits ou repousser les prétentions.

Dans une telle situation, il importe que les talens soient en équilibre avec les devoirs.

Connaître les différentes lois, et surtout en pénétrer le véritable esprit, ce qui est une connaissance bien supérieure à celle des lois mêmes; apporter dans ses recherches et dans ses discussions le discernement nécessaire pour ne pas gouverner par les mêmes principes, des choses qui sont d'un ordre différent; recourir à l'équité naturelle, dans le silence, l'opposition et l'obscurité des lois positives; mais ne mettre jamais sa raison particulière à la place de la loi, raison publique :

En étudiant les lois, ne pas négliger l'étude des hommes; observer toutes les passions qui s'agitent autour de nous, sans en partager aucune; conserver le calme de la sagesse au milieu du tumulte des intérêts divers qui assiégent le sanctuaire; enfin chercher la vérité à travers les artifices employés pour l'obscurcir; et après l'avoir trouvée soi-même, user de tous les moyens qui peuvent la rendre sensible aux autres : telle était l'honorable et difficile tâche d'un avocat général; telle est celle de tout homme

homme appelé, sous quelque dénomination que ce soit, à exercer le ministère public près les tribunaux. Quel vaste champ pour un orateur philosophe !

Qu'il me soit permis de parcourir rapidement quelques-unes des causes dans lesquelles M. SÉGUIER fit entendre son éloquente voix.

Plus d'une fois il discuta l'étendue et les limites du droit précieux qu'a l'homme civil, de se survivre à lui-même par ses actes de dernière volonté. Nous remarquerons à ce sujet deux causes que les annales de la jurisprudence nous ont transmises, et qui furent des époques brillantes pour l'orateur.

La première nous offre une disposition que la piété paraissait avoir dictée au profit des pauvres, et qui était attaquée comme n'étant que l'ouvrage de la haine. M. SÉGUIER remonte à l'origine du droit de tester. Il prouve que ce droit finit où l'abus commence, et qu'un citoyen qui dispose de son patrimoine, perd le caractère de législateur, s'il n'en conserve pas la sagesse. De-là, passant à l'examen des faits, il découvre qu'une passion injuste avait exécuté un acte réel de vengeance sous les dehors perfides d'un acte de miséricorde. Balançant alors la faveur de l'humanité souffrante que le testateur semblait avoir voulu secourir, avec les droits de la famille que ce testateur dépouillait, il fait sentir que la bienfaisance cesse d'être une vertu, lorsqu'elle dégénère en injustice, et que la cause des pauvres, si fortement recommandée par la nature, ne serait plus qu'odieuse, si des passions criminelles pouvaient s'en prévaloir pour accréditer des dispositions qui blessent la loi, et qui outragent la nature elle-même.

Dans la seconde cause, on dénonçait le scandale d'une institution d'héritier, surprise par une femme accusée d'avoir vécu dans un commerce illicite avec son bienfaiteur. M. Séguier présenta les lois de toutes les nations policées sur un point qui intéresse si essentiellement l'honnêteté publique ; il arracha le masque qui cachait la honte de la femme instituée ; il vengea les familles et les mœurs.

La diversité des objets qui s'offraient successivement à l'orateur, lui fournissait chaque jour des occasions de développer ses talens et ses ressources.

On n'a point oublié l'empressement avec lequel le public accourait dans le temple de la justice, lorsqu'il portait la parole dans quelques-unes de ces questions intéressantes de filiation et de légitimité, qui ne laissent au juge que la cruelle alternative d'introduire un étranger dans une famille, ou d'en bannir à jamais l'enfant dont la fraude ou le crime a dissimulé la naissance; qui établissent dans l'âme du magistrat une lutte pénible entre le sentiment austère du devoir et les douces inspirations de la pitié; et dans lesquelles il faut, avec tant de sagacité et de ménagement, approfondir tant de mystères.

Avec quelle supériorité ne se montra-t-il pas dans la célèbre affaire du juif Elie Levi, nouveau converti, qui s'était marié selon les lois de Moïse, et qui, abandonné depuis sa conversion par sa femme, demandait d'être autorisé à en épouser une autre! Cet homme soutenait qu'un mariage, célébré avec les formes juives, ne pouvait être reconnu indissoluble par des chrétiens. Deux tribunaux ecclésiastiques avaient prononcé des sentences contradictoires. On vit M. Séguier, dans cette cause, s'élever jusqu'aux premiers principes. Cherchant à se faire jour à travers les systèmes et les doctrines des théologiens et des jurisconsultes, il sonda, en quelque sorte, les secrets de la création; il étudia l'homme dans l'homme même. Le mariage, ce grand acte de la nature, est commun aux hommes de tous les pays et de tous les cultes. Ce ne sont pas des formes mobiles et partout si différentes, c'est la foi qui constitue le mariage, pourvu qu'elle soit donnée et reçue selon les lois qui régissent les époux. L'orateur rendit hommage à ces vérités ; il s'en appuya pour écarter la prétention du néophyte. En reconnaissant que les législateurs humains qui sont tenus d'adapter la bonté relative de leurs lois aux besoins variables de la société, peuvent prohiber ou ne pas prohiber le divorce, il proclama, d'après les dogmes de la religion, et d'après les lois civiles d'alors, la maxime de l'indissolubilité, comme inhérente à la première institution du mariage, comme liée à tous les devoirs que la morale recommande aux époux, et dont la rigoureuse observance serait la plus sûre garantie de leur bonheur, de celui de leurs enfans, et du maintien des mœurs particulières et publiques.

Autrefois un grand nom était une grande propriété. L'antique famille de FESENZAC eut à défendre le sien. Dans cette cause, moins intéressante par le fonds des questions que par la qualité des parties, M. SÉGUIER sut jeter quelques fleurs sur des discussions arides ; sa tâche était de dérouler une multitude innombrable de titres, et de montrer la continuité d'une chaîne dont le premier anneau tenait au berceau même de notre ancienne monarchie. Il porta la lumière dans la nuit des temps; il présenta les faits, non avec la sécheresse d'un froid généalogiste, mais avec le style élégant et animé d'un historien éloquent. Cependant l'esprit de parti qui dénature tout, égarait l'opinion sur cette affaire que les préjugés de société et les petites jalousies cherchaient à décrier; après avoir divisé les salons, il se manifeste jusques dans le temple des lois. Au milieu de la plaidoirie, des murmures éclatent: l'orateur n'en est ni offensé, ni abattu: il s'interrompt, pour représenter avec autorité, que des préventions ne sauraient l'emporter sur des titres, et que des propos inconsidérés doivent céder à des recherches approfondies. Il force le silence par sa fermeté. La famille FESENZAC triompha. Le prince, auquel cette famille était attachée, fit offrir à M. SÉGUIER la décoration de l'ordre de *Saint-Lazare*. Mais le magistrat qui ne doit connaître que la justice, dédaigna une récompense que la reconnaissance semblait n'offrir qu'à la vanité.

Les succès de M. SÉGUIER ne furent pas moins brillans dans d'autres causes également célèbres.

Un ancien seigneur s'était plaint aux tribunaux d'une prétendue machination ourdie pour lui faire perdre la faveur de son souverain ; il venait, pour ainsi dire, demander à la loi de le reconcilier avec la cour. Cette cause singulière donnait l'éveil à la curiosité, l'orateur fixa l'attention, en traçant d'une manière piquante le tableau des intrigues sans cesse renaissantes qui obstruent toutes les routes de l'ambition, et qui deviennent souvent si funestes aux hommes qui habitent la région des orages. Avec beaucoup de finesse et de vérité, il observa combien il est peu sage aux victimes de ces intrigues de déposer indiscrètement le secret de leur dépit et de leurs disgraces, dans le sein de la justice, et d'opposer à des manœuvres préparées dans les ténèbres, une procédure d'éclat, qui dans sa marche lente et réglée, ne peut les atteindre, et ne constate que la triste impuissance où l'on a été de les déjouer.

Le sort des armes est, dans les querelles des princes, ce que nos pères appelaient le *jugement de Dieu*. Nous lisons pourtant dans l'histoire, qu'il n'était pas rare de voir les peuples et les princes soumettre leurs différens à l'équité du sénat français. On eut dit que l'éternelle justice avait établi et fixé son siége au milieu de nous, puisque c'est au milieu de nous que les nations les plus jalouses de leur indépendance, les monarques les plus fiers de leur autorité, venaient lui rendre hommage, comme à la souveraine du monde. De nos jours, les rois et les princes qui voyageaient dans nos climats pour y admirer les merveilles des arts, accouraient dans nos tribunaux pour y entendre les oracles de la sagesse, et pour y être témoins du spectacle imposant que le culte, rendu aux lois, n'offre nulle autre part qu'en France. M. Séguier a plusieurs fois porté la parole dans ces audiences solennelles que la présence des souverains étrangers rendait plus solennelles encore; et c'est alors que devenant, en quelque sorte, supérieur à lui-même, il savait parler aux puissans de la terre, un langage peu connu dans les cours, et leur laissait entrevoir dans des discours mêlés de justes éloges et de grandes instructions, combien la majesté dont on environne l'administration de la justice, contribue à l'affermissement des empires et à la majesté même des rois.

Mais après avoir suivi M. Séguier dans des causes importantes, j'aime à me le représenter dans celle de la *Rosière de Salency* : il fut beau de voir la première cour souveraine de

France suspendre un instant l'examen des sérieuses et quelquefois terribles discussions, nées du conflit de tant de passions et d'intérêts qui fermentent au milieu d'une immense capitale, pour s'occuper avec tout l'appareil du pouvoir judiciaire des débats innocens et si peu compliqués que les habitans d'une petite commune venaient soumettre à sa décision, et qui n'avaient pour objet qu'une fête champêtre dont l'institution et la fin étaient choses bien étrangères au luxe et aux mœurs de nos grandes cités. Cette fête était appelée la *fête de la Rose*. Elle était particulière à la commune de Salency, dont les habitans décernaient toutes les années, à une époque marquée, une couronne de fleurs à la fille jugée la plus vertueuse. La jeune personne était conduite en triomphe aux pieds des autels. La couronne qui lui était destinée était bénite par le ministre de la religion, et placée sur sa tête par le seigneur du lieu. L'origine de la fête de la Rose remontait au sixième siècle. On prétendait que St Médard en était le fondateur. Cette fête fut ignorée tant que l'ordre n'en fut pas troublé. Une contestation qui s'éleva entre le seigneur, le curé et les habitans, la fit connaître. Avec quelle grâce M. Séguier, dans cette cause, ne présenta-t-il pas au tribunal et au public les détails aimables que la tradition de la contrée nous avait transmis sur une institution qui n'avait point de modèle, et qui malheureusement ne peut guère en servir. Cet orateur ne crut pas indigne de la gravité de son ministère de proposer et de faire adopter un petit code pour la fête de la Rose; de fixer ainsi, par des réglemens sages, la marche de cette fête, d'en protéger le but, d'en conserver les effets, et de perpétuer dans une petite ville, qui s'honorait d'avoir été jusqu'alors l'asile de l'innocence, le culte religieux qu'on y rendait à la vertu.

M. Séguier ne parlait jamais sans avoir écrit; en se livrant à lui-même, il n'eût pas été sans crainte, parce que, dans les austères fonctions de sa charge, la plus légère omission ne l'eut pas laissé sans reproche. Mais sa mémoire lui épargnait l'attitude forcée d'un orateur qui lit, et lui assurait tous les avantages d'un orateur qui s'abandonne.

Ils sont rares les hommes qui n'éprouvent pas le besoin de fixer d'avance leurs idées par une rédaction soignée; qui disposent quand ils le veulent, et avec une sorte de souveraineté, des mots, des images, des figures, de toutes les richesses oratoires ; et qui, soutenus par la conscience de leurs propres forces, produisent au dehors, comme par inspiration, leurs sentimens et leurs pensées, avec l'ordre et l'éclat que la préparation la plus réfléchie ne garantit pas toujours.

L'éloquence innée de ces hommes n'est pas l'ouvrage de l'art, mais un don de la nature. Nos orateurs les plus distingués ont rédigé leurs oraisons, leurs discours, leurs harangues, avant que de les prononcer. Mais comme l'on a compris, dans tous les temps, que l'action froide d'une simple lecture ne permet aucun mouvement à celui qui parle, et ne peut exciter l'enthousiasme de ceux qui écoutent, on a cherché constamment à imiter les productions soudaines du génie, en travaillant à faire oublier, par la manière de réciter ou de dire, le soin que l'on avait pris de rédiger.

Les plaidoyers de M. Séguier portaient l'empreinte de son siècle : la raison n'y était point étouffée par une fausse science, et l'esprit ne s'y montrait pas aux dépens de la raison. L'orateur posait les questions de la cause avec justesse, il en exposait les faits avec clarté, et il en discutait les moyens avec méthode. En balançant les raisons respectives des parties, il annonçait une connaissance profonde de la théorie des débats judiciaires. Il ne se permettait que les mouvemens qui ne lui étaient point interdits par la sévérité de son ministère ; il joignait l'agrément à la solidité ; il avait de l'élévation dans les grandes affaires, et il savait intéresser dans les moindres. On remarque surtout en lui, ce caractère de facilité qui plaît toujours, parce qu'il nous fait jouir des talens de l'orateur, sans nous faire partager ses travaux et ses peines.

Je ne dissimulerai pas que dans certaines circonstances, on a reproché à M. SÉGUIER de donner trop d'étendue à ses discussions ; on connaissait mal le terrein sur lequel il était obligé de marcher. Que l'on daigne se représenter la situation délicate d'un homme qui est appelé à discuter une cause ou à la défendre. Deux espèces d'auditoires s'offrent à lui : les juges et le public. Ces deux espèces d'auditoires ne peuvent avoir ni les mêmes pensées, ni la même direction, ni le même but. Les juges, en assistant à une audience, exercent une fonction ; et le public n'y cherche guères qu'un spectacle ou un délassement. Les juges, dont l'objet principal est de connaître la cause qui leur est soumise, sont désireux de découvrir de quel côté est la raison ; le public n'écoute que pour savoir de quel côté est le talent. Les juges ont plus besoin d'être éclairés que d'être émus ; le public a plus besoin d'être ému que d'être éclairé ; souvent les juges hésitent, lorsque déjà le public est entraîné : cependant c'est la vérité qui doit triompher et non pas uniquement l'orateur ; elle échappe si elle n'est représentée et reproduite sous toutes ses faces. Ce qu'on a dit une fois, il faut le dire encore. Un tribunal est composé de plusieurs magistrats ; mais dans combien d'occasions, le suffrage d'un seul magistrat n'est-il pas nécessaire pour former la décision du tribunal ? Il importe, pour ainsi dire, de parler à chaque individu, après avoir parlé à tous. Quand M. Séguier reproduisait sous des formes différentes la même preuve, la même raison de décider, c'était par là crainte de ne pas la graver assez fortement dans les esprits ; il savait, pour le plus grand intérêt de la justice, faire taire celui de sa propre gloire ; il avait alors le courage de sacrifier à l'avantage d'être plus utile, celui de paraître plus éloquent.

La chaire nous a donné nos premiers orateurs. Depuis que la magistrature, depuis que le barreau a les siens, on n'a cessé d'agiter d'inutiles et interminables questions de préférence entre l'éloquence chrétienne et l'éloquence judiciaire. Apprécions mieux notre position, et sachons jouir de nos richesses.

Nos orateurs chrétiens ont excellé dans un genre qui leur appartient, et pour lequel ils n'ont trouvé aucun modèle dans l'antiquité. Les orateurs de notre barreau n'ont été surpassés ni mêmes égalés chez aucune nation moderne. Entre toutes ces nations, la France peut s'honorer d'avoir été le berceau et d'être encore le siége de la véritable éloquence. Félicitons-nous de vivre sous un ciel qui favorise le génie. Gardons-nous d'établir des parallèles humilians entre l'orateur qui parle dans nos temples et celui dont la voix fait retentir les tribunaux. L'éloquence est une. Soit que l'on annonce les grandes vérités de la religion et de la morale, soit que l'on protége et que l'on défende les droits sacrés de l'innocence ou de la propriété, c'est être éloquent que de tout disposer avec art pour produire avec certitude l'effet que l'on se propose.

L'éloquence est la toute puissance de l'homme: avec une parole, il débrouille ce qui est, il crée ce qui n'est pas encore. Il dit: toutes les passions obéissent, toutes les opinions se confondent dans une seule opinion; et la vérité qu'il proclame, perce avec la rapidité de la lumière jusque dans le fonds des âmes.

L'exercice de cette toute puissance peut être diversement modifié par les objets auxquels elle s'applique. L'orateur chrétien aura plus souvent occasion de parler au cœur qu'à la raison; l'orateur magistrat s'adressera plus souvent à la raison qu'au cœur; mais l'un et l'autre forceront les applaudissemens et les suffrages, s'ils savent ménager l'usage de leurs facultés et de leurs forces avec cette sagesse et cette action qui garantissent le succès.

On a observé que l'éloquence ne peut prospérer qu'avec la liberté : mais dans quelle profession un orateur peut-il laisser respirer son âme plus librement que dans la profession honorable qui, en le consacrant au service de la justice, le rend entièrement indépendant du caprice des hommes? Un orateur populaire n'est souvent que l'esclave des factions; l'orateur magistrat, l'orateur du barreau sera toujours libre, avec les lois qui seules peuvent garantir toute liberté légitime.

Que les orateurs du barreau se rassurent: leur carrière n'est pas moins brillante que celle de la chaire, que celle même de la tribune. Je sais que les causes qu'ils ont à discuter ou à défendre viennent expirer dans l'étroite enceinte des tribunaux, mais elles naissent sur le vaste théâtre de la société; elles se lient à l'histoire de l'homme; elles forment le tableau le plus fidèle des mœurs de chaque pays et de chaque siècle. Un recueil bien fait des causes célèbres serait, à chaque époque, le recueil le plus instructif pour l'observateur philosophe. Il avertirait le législateur de la bonté ou de l'insuffisance de ses lois; le magistrat, de la tendance qu'il doit donner à ses décisions; le citoyen, des vices qu'il doit redouter, et des piéges contre lesquels il doit se prémunir de la part des hommes avec lesquels il est obligé de vivre.

Les controverses judiciaires ne sont obscures, que lorsqu'on ne rencontre pas des hommes qui sachent les ennoblir. Les orateurs pourront manquer aux circonstances, mais les circonstances ne manqueront jamais aux orateurs. La voix éloquente qui développe une grande cause et qui obtient un grand succès, retentit chez toutes les nations éclairées. Quand M. SÉGUIER, portant la parole dans une audience honorée de la présence de GUSTAVE III, roi de Suède, fut présenté à ce prince, GUSTAVE dit : *Il faudrait n'être pas d'Europe pour ignorer le nom d'un magistrat aussi éloquent.*

Dans un siècle surtout, où l'on sait apprécier tout ce qui apprend à connaître les hommes, et tout ce qui peut servir l'humanité; dans le siècle où un grand prince rassasié de la gloire qui environne les héros, a obtenu une gloire plus réelle en devenant par son génie, le législateur du plus grand empire de l'univers; quelle impulsion les orateurs du barreau ne reçoivent-ils pas de l'étonnante et rapide confection de tant de codes divers qui assurent le bonheur du peuple français, et préparent celui des autres peuples? Est-ce dans un tel moment, si capable de donner un nouvel essor à l'éloquence judiciaire, que l'on oserait désespérer de voir se former de nouveaux orateurs dans le barreau, qui sera toujours la première arène ouverte aux talens jaloux de se faire connaître?

M. Séguier vivait dans des temps moins heureux. Un amas confus de lois incohérentes ne lui présentait que des obstacles à surmonter; il avait besoin, en quelque sorte, de triompher des lois elles-mêmes. Aujourd'hui une législation simple et uniforme donne un cours plus facile aux idées et aux méditations de l'orateur; elle met la portion éclairée de la nation plus à portée de prendre part à des discussions qui deviennent, par là, d'un intérêt plus national, et doivent nécessairement augmenter l'influence de l'orateur et étendre sa renommée.

Dès

Dès les premières années de l'exercice de son ministère, M. SÉGUIER avait fixé l'attention du public par ses talens, et il avait même conquis l'estime des littérateurs les plus distingués. Il portait un nom qui était cher aux lettres. Un de ses ancêtres, revêtu de l'éminent office de chancelier, avait été le protecteur de l'Académie française, immédiatement après la mort du cardinal de RICHELIEU, et dans un temps où les Rois, ignorant encore que la protection accordée au génie est le plus bel apanage de l'autorité suprême, laissaient à leurs ministres un titre qu'ils revendiquèrent bientôt pour eux-mêmes, et qui devint un des plus beaux ornemens de leur couronne.

Tenant ainsi de sa naissance des avantages qu'il justifiait par sa réputation, M. SÉGUIER fut reçu dans l'Académie le 21 mars 1757; il avait à peine atteint sa trente-unième année. A un âge où l'on ne donne ordinairement que des espérances, il devint membre d'une société dans laquelle on n'est admis qu'après de longs travaux et de grands succès.

Il remplaça M. de FONTENELLE, cet homme célèbre qui a porté dans les lettres le flambeau de la philosophie, et dans la philosophie les agrémens et les grâces qui ne marchent qu'à la suite des lettres. Son discours de réception mérite d'être remarqué parmi tant d'autres discours de ce genre dans lesquels les orateurs, condamnés à suivre des formules usées, et à donner, s'ils le pouvaient, une nouvelle forme à des éloges de commande mille fois répétés, étaient souvent réduits à courir après l'esprit qu'ils n'avaient pas, et à ne pouvoir montrer celui qu'ils avaient. M. SÉGUIER mit heureusement à profit sa situation particulière ; l'éloge de FONTENELLE était un riche sujet pour son éloquence. Il sut peindre en littérateur et en philosophe, ce savant aimable qui s'était distingué par la vaste étendue de ses connaissances, par la prodigieuse variété de ses talens, et qui avait si bien mérité de la littérature et des sciences. Il observa que FONTENELLE avait imposé silence à l'envie ; qu'*on n'avait osé le critiquer que dans ceux qui l'avaient imité*, et que ses contemporains avaient été forcés de parler à son égard le langage de la postérité.

On vit M. SÉGUIER, dans le même discours, établir une sorte de parallèle piquant entre une société chargée de défendre les lettres contre tout ce qui peut altérer le bon goût, et un corps de magistrature chargé d'écarter tout ce qui peut blesser les lois. On eût dit que M. SÉGUIER voulait nous venger de la résistance que le Parlement de Paris avait autrefois apportée à notre établissement. Cette cour avait méconnu le service signalé que RICHELIEU rendait à la patrie, en jetant les heureux fondemens de la réforme des esprits. Entièrement étrangère aux lettres, elle ne fut d'abord préoccupée que de la crainte de perdre l'inspection qu'elle avait sur les livres. Pendant dix-huit mois, elle retarda l'existence d'une institution destinée à dissiper les ténèbres de la barbarie, à épurer la langue nationale et à la rendre la langue universelle de toutes les nations policées. Les temps étaient biens changés, lorsque M. SÉGUIER, un des premiers magistrats de la même cour, ne se glorifiait pas moins de la place qui venait de lui être décernée dans le sanctuaire des lettres, que de celle qu'il occupait déjà dans le sanctuaire des lois.

Le 19 juillet 1781, il répondit, comme directeur, à M. de CHAMFORT, successeur de M. de SAINTE-PALAYE.

M. SÉGUIER, si souvent affligé dans l'exercice de ses fonctions par le triste spectacle des divisions qui désolent les familles, si souvent obligé de prononcer entre des frères ennemis, parut se reposer avec délices sur le tableau touchant que lui offrait la vie commune de M. de SAINTE-

PALAYE et de M. de la CURNE, vrais modèles l'un et l'autre de l'amour fraternel (1).

Il jeta ensuite un coup d'œil sur les ouvrages de M. de SAINTE-PALAYE. Il observa que le choix même des sujets traités par ce littérateur, était une nouvelle preuve de la pureté de ses mœurs et de la noblesse de ses sentimens. C'est à M. de SAINTE-PALAYE que nous de-

---

(1) Ces deux frères, formés ensemble dans le même sein, avaient ouvert les yeux à la lumière le même jour. On eût dit que la nature, en les faisant naître au même instant, avait voulu doubler entr'eux la fraternité. Ils s'aimaient par cette mystérieuse sympathie que l'on aperçoit ordinairement entre deux êtres qui entrent et marchent d'un pas égal dans le chemin de la vie; qui comptent le même nombre d'années dans la durée de leur existence; et qui ne changent point à leurs propres yeux, parce qu'ils changent ensemble. Les deux frères avaient une ressemblance si parfaite dans les traits du visage, qu'on n'apercevait entr'eux aucune différence, lorsqu'ils étaient réunis; et qu'on ne pouvait les distinguer, quand ils étaient séparés.

Cette conformité physique ne suppose pas toujours une conformité morale. M. de SAINTE-PALAYE et son frère différaient absolument de caractère et de goûts; et néanmoins cette différence ne contribua qu'à faire ressortir davantage la tendre amitié qui les unissait, et qui fut signalée par des sacrifices mutuels poussés jusqu'à l'héroïsme. Après la mort de M. de la CURNE, la vie de M. de SAINTE-PALAYE ne fut plus qu'une longue et laborieuse agonie. *Discours de M. SÉGUIER.*

vons l'histoire de la chevalerie, c'est-à-dire, de ce système à la fois merveilleux et bizarre, qui naquit dans le temps de nos combats singuliers; qui se perpétua par l'usage des tournois; qui fesait consister le point d'honneur à punir l'injustice et à protéger la faiblesse; qui plaçait, en quelque sorte, les *grands personnages dans une région enchantée et semblait abandonner aux hommes vulgaires le cours ordinaire de la nature*; enfin, qui, par l'union du courage et de la galanterie, de l'amour et de la vertu, donnait une si grande et si heureuse influence à ce sexe aimable, dont les grâces sont la parure de la société, et dont le jugement fin et délicat est à la fois l'encouragement le plus sûr et la plus douce récompense du mérite.

Absorbé par les travaux de son ministère, M. Séguier n'avait que rarement la liberté de suivre ceux de l'académie. Mais telle était, et telle est encore la constitution de cette société vouée au perfectionnement de la langue et de la littérature, qu'il n'est pas toujours nécessaire de partager directement ses travaux particuliers, pour contribuer à ses succès et à sa gloire. Il n'en est pas des lettres comme des sciences. Les sciences ont chacune leur territoire déterminé. Le domaine des lettres ne connaît point de limites. Elles sont utiles à toutes les sciences, et on ne peut les réputer étrangères à aucune profession. Elles sont assises sur le trône avec le monarque ; elles président à la majestueuse rédaction de ses lois ; elles jettent sur les écrits du savant, sur les discussions du magistrat et du jurisconsulte, cet heureux souffle de vie qui seul peut perpétuer la durée des productions de l'esprit et leur assurer, en quelque sorte, l'immortalité. PASCAL dans ses *Provinciales*, MALLEBRANCHE dans sa *Recherche de la vérité*, BUFFON dans son *Histoire Naturelle*, D'AGUESSEAU et COCHIN dans leurs *Plaidoyers*, ont plus avancé les progrès de la langue, et ont rendu plus de services aux lettres, que tant d'autres écrivains qui ont paru se consacrer plus exclusivement à l'étude de la Grammaire, et à la culture de certaines parties qui semblent tenir plus directement aux lettres elles-mêmes. Si ces derniers ont donné des règles, les autres ont fourni des modèles. Dans chaque pays, la première création d'une langue est l'ouvrage du peuple ; ce sont ensuite les savans qui l'enrichissent, et les bons écrivains, en quelque genre que ce soit, qui parviennent à la fixer. Il importe donc qu'une société comme la nôtre, soit ouverte à tous ceux qui réussissent à se faire un nom dans l'art de parler ou d'écrire. Les hommes qui appuient les lettres par leur crédit, et qui savent encore les servir par leurs talens, ne sauraient être des coopérateurs inutiles. Ces hommes, vivants à la cour, attachés aux tribunaux, ou répandus dans l'Empire, propagent partout les lumières et le bon goût. On tient à honneur d'appartenir à l'académie; on veut au moins montrer qu'on mérite d'en être. Ce fut une sage politique de n'interdire à aucune classe de citoyens l'entrée de ce tribunal littéraire; qui, établi au milieu d'une grande capitale, lui donne le ton, le reçoit d'elle à son tour, et se trouve chargé par son institution de conserver la bonne doctrine et d'entretenir le feu sacré.

M. SÉGUIER acquittait sa dette par les plaidoyers, et les harangues qui l'ont rendu si justement célèbre. En 1770, à l'ouverture des audiences, il prononça au parlement, un discours sur *l'amour des Lettres.* Sans doute, l'esprit de littérature peut exister sans l'esprit des affaires. Mais l'orateur prouva, en cette occasion solennelle, que l'esprit des affaires a tout à gagner en s'associant à l'esprit de littérature. Le sujet de ce discours était piquant par sa nouveauté. Dans d'autres temps, on eût pensé qu'il n'était pas digne de la sainteté du lieu où il fut prononcé ; dans un siècle de lumières, il honora le magistrat qui l'avait choisi. On comprit que recommander l'amour des lettres dans le temple des lois, c'était travailler pour l'intérêt des lois elles-mêmes.

En effet, ne serait-ce pas une grande erreur de ne voir dans la culture des lettres, qu'une occupation ou un délassement frivole? Ne faut-il pas plaire aux hommes, si nous avons besoin de leur opinion, de leur suffrage, de leur concours ? Ne faut-il pas même leur plaire, si on aspire au droit de les servir et de les instruire ? Si nous cessions de leur être agréables, nous pardonneraient-ils l'importune générosité de vouloir leur être utiles ?

Pourquoi donc, dans la science des lois, négligerait-on plus qu'ailleurs, les moyens d'agir efficacement sur les esprits et sur les cœurs ? Ne faut-il pas qu'un magistrat, un jurisconsulte puisse défendre avec avantage les droits de la justice et de la vérité ? Les ressources que lui offrent l'art de bien parler et de bien dire, ne lui sont-elles pas nécessaires pour déterminer les autres à bien juger ou à bien agir ? En général, il ne suffit pas de convaincre, il faut entraîner. Pour le triomphe de la raison, on a toujours besoin de quelque chose de plus que de la raison même.

M. SÉGUIER ne se bornait pas à recommander dans des discours publics, l'amour des lettres au magistrat et au jurisconsulte ; il savait appuyer de toute la force de son ministère, ceux qui les cultivent. On le vit s'élever contre des abus graves qui s'étaient glissés dans le régime de la librairie, et qui menaçaient les propriétés littéraires.

L'ouvrage d'un auteur est incontestablement sa propriété. Il ne peut même en exister de plus sacrée ; car ma fortune ne saurait être plus à moi que ma pensée. Mais cette espèce de propriété que l'on ne peut rendre profitable sans la communiquer et sans la répandre, est plus difficile à conserver que toute autre. L'imprimerie qui en a augmenté le prix ou la valeur, en a aussi multiplié les dangers. Aujourd'hui les brillantes productions d'un auteur ne sont que trop souvent à la merci des avides spéculations du libraire ; et elles n'ont pas toujours obtenu des lois le degré de protection que l'on doit au talent et au génie.

En 1779, époque à laquelle on était régi

par la législation des priviléges, on avait osé révoquer en doute si le droit de propriété d'un auteur sur son propre ouvrage, est indéfini dans sa durée, tant que cet auteur ne le cède pas. On prétendit qu'il pouvait être limité par le privilége qui autorisait l'impression, et qu'à cet égard il n'y avait aucune différence à établir entre le droit d'un libraire qui trafique des ouvrages d'autrui, et celui d'un écrivain qui fait, à son profit, imprimer et débiter son propre ouvrage. M. Séguier dévoila l'injustice de ce système dans un compte solennel qu'il rendit aux chambres assemblées, de toutes les réclamations qui lui avaient été communiquées, et de tous les réglemens qui étaient intervenus sur la matière.

En parcourant ce compte rendu qui présente une longue suite d'ordonnances et de lois, j'ai été frappé de l'espèce de révolution que la grande découverte de l'imprimerie a opérée sur la situation personnelle des philosophes, des savans, des hommes de lettres.

Autrefois les talens et la science demeuraient constamment la propriété de celui qui les possédait. Un philosophe, un savant portait tout avec lui-même; il ne pouvait être séparé de son trésor; il fallait arriver jusqu'à la personne, si l'on voulait connaître la doctrine. Des cités entières s'ébranlaient pour courir aux leçons publiques d'un sage. Dans nos temps modernes, on entreprend des voyages de long cours pour voir des statues, des monumens, des ruines : on voyageait alors pour voir des hommes.

Et ces hommes, dont on allait à de grandes distances recueillir les paroles, commandaient le respect et fixaient autour d'eux la considération et la gloire. A une époque où les moyens d'acquérir la science étaient si difficiles, on était plus jaloux de s'instruire que de paraître instruit ; il y avait beaucoup de disciples et peu de maîtres. Ceux que leur génie rendait capables d'enseigner les autres, trouvaient dans un auditoire nombreux, des admirateurs plutôt que des juges ; ils devenaient personnellement la décoration de leur patrie et la lumière du monde.

Aujourd'hui tout est changé ; un écrivain n'est rien, ses écrits sont tout. L'effet de l'imprimerie est de mettre toutes les idées et toutes les connaissances en communauté. Chacun peut s'instruire chez soi ; on lit, on n'a plus besoin d'écouter. Comme on imagine que les écrits d'un homme nous offrent la partie la plus satisfaisante et la plus distinguée de lui-même, on est peu curieux, quand on a le livre, de s'enquérir de l'auteur. Celui-ci vit souvent ignoré dans un triste réduit ; et si on le rencontre, on le juge avec sévérité, et on finit presque toujours par le trouver inférieur à lui-même.

D'autre part, la principale attention des gouvernemens et du public, se porte sur les grands avantages dont la société en masse est redevable à l'imprimerie, sur la nécessité de favoriser les progrès d'un art qui donne des aîles à la pensée, qui la préserve des ravages du temps, qui la garantit des entreprises funestes de l'anarchie ou de la violence, et qui, en ouvrant partout une nouvelle branche de commerce, offre à la politique de chaque état de nouvelles ressources pour accroître ses richesses nationales. L'intérêt privé des auteurs se trouve étouffé par les grandes considérations qui naissent de l'intérêt général. De-là, l'espèce de servitude sous laquelle les écrivains ont gémi si long-temps. L'art de l'imprimerie a été protégé à leur préjudice, et contre l'intérêt bien entendu de cet art lui-même, que le génie et le talent peuvent seuls alimenter.

M. Séguier crut devoir réveiller la sollicitude des lois sur le sort des auteurs et sur leurs droits. D'après ce magistrat « Le droit

» qu'a un auteur de faire imprimer et réim-
» primer est aussi sacré dans son principe,
» qu'illimité dans sa durée ; et ses héritiers,
» jusqu'à la dernière génération, doivent jouir
» du fruit de ses veilles et de la production
» de son génie ».

En parlant de ce que M. Séguier a fait pour les lettres et pour ceux qui les cultivent, je ne dois pas taire que l'on ose pourtant imputer à ce magistrat de s'être rendu le *dénonciateur des philosophes et des hommes de lettres au parlement* (1) : c'est le plus grave des reproches, et la plus faible des objections.

M. Séguier exerçait le ministère public. Il était par sa place *le surveillant des mœurs et des opinions*. De-là ces éloquens réquisitoires contre cette foule d'écrits qui attaquaient journellement la religion, les mœurs et l'état.

Serait-ce en dénonçant de tels écrits, qu'il aurait pu mériter d'être présenté comme l'ennemi de la philosophie et des lettres ?

Des philosophes et des littérateurs distingués, dont les noms sont en honneur dans cette compagnie, ont pensé qu'il *aurait été intéressant d'examiner dans quels cas, il eût mieux valu abandonner à l'oubli des productions plus*

(1) *Mémoires de* Marmontel.

méprisables que dangereuses, que de leur donner, par l'éclat de la flétrissure, une célébrité bien supérieure à leur mérite (1). Mais ces littérateurs et ces philosophes étaient bien éloignés de croire que la cause de quelques écrivains licencieux auxquels ils ne réservaient que l'alternative de la flétrissure ou du mépris, pût jamais être confondue avec l'intérêt même des lettres et de la philosophie.

Je sais que pour la prospérité des sciences, pour la propagation des lumières, il faut que la raison humaine soit libre dans le choix de ses recherches et dans les diverses manières de se produire. En général, la liberté est le principe créateur de toutes les pensées utiles et de toutes les grandes conceptions. Mais il n'est point de liberté sans limites. L'homme qui renferme dans le secret de son âme ses sentimens et ses opinions, n'en est comptable qu'à lui-même ; s'il les publie, il en devient comptable à la société. L'indépendance naturelle de chaque individu finit où l'intérêt de tous commence.

Loin de moi la pensée de ramener ces temps d'ignorance et de servitude, où les gouvernemens se mêlaient des questions les plus indif-

(1) D'ALEMBERT.

férentes et les plus contentieuses de la métaphysique, où un simple système d'astronomie devenait l'objet d'une ordonnance, et où chaque controverse était traitée comme une affaire d'état. Une surveillance excessive serait encore plus ridicule, peut-être, que tyrannique : les droits de la raison doivent être sagement combinés avec ceux de la puissance.

Gardons-nous de comprimer les efforts du génie, quand il s'élance avec une noble et sainte hardiesse vers tout ce qui est beau, vers tout ce qui est grand, vers tout ce qui est utile. Laissons-le, soutenu par son activité, et fier de son indépendance, s'agiter en tout sens dans le vaste territoire des sciences qui nous ont, pour ainsi dire, mis en possession de la terre que nous habitons, et l'ont rendue plus propre à être notre demeure ; des sciences dans lesquelles les découvertes naissent des découvertes, et qui constituent l'homme le véritable roi de la nature, en asservissant les productions et les lois mêmes de la nature à tous les usages et à tous les besoins de l'homme.

Mais en morale et en politique, le magistrat est forcé d'intervenir, pour la société, dans des discussions qui ont tant d'influence sur les mœurs, sur les actions et sur la conduite des citoyens. L'autorité ne peut demeurer indifférente à des choses dans lesquelles les fausses doctrines ne sont pas simplement des erreurs, mais des dangers.

D'ailleurs, en morale et en politique, nous ne pouvons guères nous promettre d'aller plus loin que les anciens, et d'obtenir des découvertes qui puissent nous obliger de refaire et de reconstruire ces sciences. Tout roule, à cet égard, sur des idées générales d'ordre qui sont de tous les lieux et de tous les temps, et sur la connaissance des affections communes qui régissent le cœur humain. Dans ces matières importantes, nous avons moins à espérer du génie qui crée, que nous n'avons à craindre de l'esprit novateur qui change et bouleverse; nous avons plus besoin de conserver que d'acquérir: en livrant imprudemment la morale et les gouvernemens aux systèmes, on les livrerait aux passions.

La censure de M. Séguier sur les écrits publics ne dégénéra jamais en intolérance, et moins encore en oppression. J'en appelle au témoignage de l'estimable auteur de *la Philosophie de la nature*. On avait dénoncé cet ouvrage au Châtelet; une condamnation

nation rigoureuse avait été prononcée par ce tribunal. M. SÉGUIER tendit une main secourable à l'écrivain philosophe, et l'injustice fut réparée.

Mais ce magistrat eût-il pu, sans trahir l'autel et le trône, fermer les yeux sur les désolantes doctrines du matérialiste et de l'athée? En proscrivant ces doctrines, il n'outrageait pas la philosophie, il la vengeait; il revendiquait pour la société, pour l'homme en général, ces sciences morales qui ont été cultivées avec tant de succès et de gloire par la sage antiquité; qui élèvent l'âme aux plus hautes pensées; qui motivent et encouragent toutes les bonnes actions; qui donnent un objet et un appui à toutes les vertus généreuses.

Quels avantages la raison, la philosophie et les lettres pourraient-elles retirer de ces faux systèmes dans lesquels on suppose qu'une fatalité aveugle aurait produit des êtres intelligens; que la justice réside uniquement dans les coutumes et les conventions sociales qui ne pourraient elles-mêmes exister sans la justice; que l'homme, dont l'attribut principal est la pensée, n'est qu'une portion organisée de la matière qui ne pense pas; et qu'il faut reléguer dans la classe des simples machines, un être qui a créé la mécanique, et qui a su découvrir l'admirable mécanisme de l'univers?

De pareils systèmes uniquement propres à dessécher le cœur et à rétrécir l'esprit, sont plus près de la barbarie que l'on ne pense. S'ils pouvaient prévaloir, ils feraient rétrograder les nations vers ces opinions grossières qui n'ont été dominantes que chez les peuples sauvages; qui ont précédé nos véritables connaissances; qui ont été insensiblement minées par les progrès de la civilisation, et qui ne furent plus que le partage d'une multitude ignorante, à mesure qu'on s'éleva à des notions plus intellectuelles.

En effet, à quoi se réduirait l'idiôme d'un peuple de matérialistes et d'athées, qui aspirerait à mettre son langage en harmonie avec ses systèmes? Quelle pourrait être la littérature de ce peuple rendu étranger à toutes les idées qui impriment le sentiment du sublime et du beau, à toutes celles qui agissent fortement sur l'imagination ou qui donnent un doux ébranlement à l'âme?

Quel prix attacherait-on à l'étude de la nature, chez des hommes qui ne verraient partout que les tristes jeux du basard? La terre que nous habitons se transformerait pour eux en une région de ténèbres et de mort; l'ordre imposant qui règne autour de nous, frapperait leurs yeux, sans parler à leur raison; au milieu même de cet ordre, ils ne découvriraient que des effets sans causes et des abymes sans fonds; ils erreraient avec une sombre incertitude comme des ombres isolées et flottantes dans l'espace; la nature muette et sans physionomie n'offrirait à leur imagination confondue que le vaste silence, et la nuit éternelle du cahos.

Les DESCARTES, les PASCAL étaient soutetenus et éclairés dans leurs recherches, par les plus sublimes conceptions; ils s'élevaient avec la conscience de leur propre dignité et de leur noble destinée, jusqu'à l'auteur de tout ce qui existe. Le célèbre NEWTON était plein de la présence et de la grandeur de ce Premier Etre, lorsque son génie planant dans les cieux, contemplait la marche brillante de ces milliers de globes qui roulent majestueusement sur nos têtes, et nous révélait le merveilleux système du monde.

Enfin dans l'hypothèse du matérialiste et de l'athée, que deviendraient les sociétés et les gouvernemens? Comment se promettrait-on de former le citoyen avec des opinions qui dégradent l'homme? L'homme est seul quand il pense, il est seul quand il souffre, il est seul quand il meurt. Sans la grande idée d'un Dieu vengeur et rémunérateur, comment sortirait-il de cette solitude profonde qui pourrait être si dangereuse pour les autres, et qui serait toujours si accablantes pour lui-même ? Qui fixerait des limites à l'indépendance de ce *moi* intérieur, mystérieux, qui pénètre tout, et sait, quand il le veut, se rendre impénétrable ? Les législateurs n'ont de pouvoir que sur les actions, ils n'en ont aucun sur les affections et sur les pensées ; et dans l'hypothèse dont nous parlons, quelle pourrait être la véritable force des législateurs sur les actions mêmes ? On sentirait le besoin d'avoir des mœurs, et on ne croirait point à la morale ; les crimes seraient punis par les lois, et les coupables seraient absous par la doctrine ; on recommanderait la vertu à des êtres à qui l'on refuserait la liberté de choisir entre une passion et un principe, entre un penchant et un devoir ; les institutions seraient sans cesse démenties par la croyance ; on serait forcé de se montrer inconséquent, pour travailler à se rendre moins malheureux. Quel amas monstrueux de contradictions ! Quelle source permanente de désordres ! Quel spectacle plus affligeant l'homme pourrait-il jamais offrir à l'homme !

M. Séguier, en usant de toute l'influence de son ministère pour opposer une barrière puissante à la licence des systèmes, a donc bien mérité de la philosophie et des lettres; il a bien mérité de la religion, de la patrie et du genre humain.

Dira-t-on que ce magistrat ne s'est pas borné à défendre les vérités naturelles et sociales qu'une saine philosophie a su proclamer dans tous les temps, et qu'il a dénoncé des écrivains auxquels on est redevable d'avoir propagé l'esprit de tolérance, et d'avoir combattu avec avantage le fanatisme et la superstition?

Mais, si ces écrivains, dans l'objet de prévenir l'abus que l'on peut faire de la religion, s'étaient permis d'attaquer la religion même; ce mal, le plus grand de tous, ne pouvait, aux yeux du Ministère public, être compensé par aucun bien.

Il faut une religion positive pour fixer les opinions, comme il faut des lois positives pour régler les intérêts. J'en atteste ce qui s'est passé dans les premiers âges du christianisme: la tolérance a été un dogme religieux, avant que d'être un principe philosophique. C'est le christianisme qui a notifié la vraie morale à l'univers, qui l'a sanctionnée par ses dogmes, qui l'a rendue populaire par son culte. Cette religion a été le terme des fables du paganisme, elle a dissipé les doctrines superstitieuses, comme la lumière dissipe les ténèbres. Elle n'a pas remplacé des vérités connues par des mystères incompréhensibles ; mais elle a prêché des mystères qui nous éclairent et nous consolent, pour remplacer des doutes et même des absurdités qui avilissent l'âme, l'accablent et ne l'éclairent pas. Il lui appartient de faire des croyans, c'est le Pyrrhonisme qui fait des crédules. Les siècles de scepticisme ont été les plus féconds en systèmes bizarres et absurdes. Quand la raison nous abandonne et se tait, la religion nous soutient et nous élève. Elle commence où le génie de l'homme finit. Malheur aux peuples chez qui le christianisme viendrait à s'éteindre! En approchant des nations qui ne sont pas chrétiennes, on dirait que l'on s'éloigne de la morale, des sciences, des arts, des lettres, de la philosophie, de la civilisation même.

Au reste, s'il était possible que M. SÉGUIER eût besoin d'être justifié, pour avoir pensé qu'il défendait l'État en défendant la Religion ; je dirais d'après l'expérience de tous les siècles, et d'après la nôtre : a-t-on jamais attaqué la religion dans un état, sans le projet et la volonté d'ébranler l'état même? Je dirois encore ; l'auguste libérateur qui a reçu dans ses bras la France déchirée par l'impiété et par l'anarchie, ne s'est-il pas empressé de relever les autels pour asseoir et affermir le premier des empires ? Cet incomparable monarque croirait-il avoir assez fait pour notre bonheur et pour sa propre gloire, si, après avoir rempli la terre du bruit de ses prodiges et de l'éclat de ses triomphes, il n'avait travaillé à la pacifier par les œuvres de sa puissance et à la réconcilier avec le ciel par la sagesse de ses lois ?

Le temps dans lequel M. SÉGUIER vivait, a été fécond en événemens publics. Mais ces événemens, effacés par la plus absolue et la plus terrible des révolutions, sont devenus, pour ainsi dire, une sorte d'histoire ancienne pour les contemporains eux-mêmes : il est pourtant vrai qu'on ne peut les rappeler sans intérêt, quand on considère qu'ils tiennent plus ou moins directement à toutes les grandes catastrophes qui ont donné un nouveau cours aux affaires de l'univers.

Les querelles théologiques qui éclatèrent sous le règne de LOUIS XIV, et qui par le gouvernement d'alors furent imprudemment traitées comme des affaires d'état, avaient excité, dans les divers ordres de la nation, des haines implacables contre la société des Jésuites accusée d'avoir fait naître ces querelles, et surtout d'en avoir abusé pour perdre ses ennemis ou ses rivaux. Les parlemens étaient intervenus pour appuyer de l'autorité des lois, ceux qu'ils croyaient opprimés par l'intrigue ; et leur intervention les avait exposés à des disgrâces, à des exils. Les particuliers savent pardonner ; ils oublient du moins : les corps croient leur autorité intéressée à tenir, en quelque sorte, registre de leurs ressentimens comme de leurs maximes.

D'autre part, les ordres religieux commençaient à ne plus jouir de la même faveur dans l'opinion ; ils avaient, autrefois, écrasé le clergé séculier par leurs priviléges ; celui-ci en recouvrant ses droits et sa première dignité, les comprimait à son tour. De plus, les ordres religieux étaient sourdement minés par les progrès des lumières et des connaissances qui s'étendaient dans toutes les classes de citoyens, par la tendance de l'esprit général vers les objets de commerce et les professions industrieuses, et par les changemens rapides qui s'opéraient chaque jour dans les idées et dans les mœurs.

Dans cette situation, une affaire particulière, qui eût été facilement étouffée dans un autre temps, devint le signal de la destruction de l'ordre entier des Jésuites. Le père LAVALETTE, chef des missions de cet ordre dans nos colonies, donna à l'Europe étonnée le scandale d'une faillite. Les intéressés cherchèrent une garantie dans le corps même auquel ce religieux appartenait. En discutant cette affaire trop célèbre, on s'aperçut qu'un supérieur italien, résidant à Rome, pouvait arbitrairement disposer des biens et des personnes d'une société de Français. Un tel régime monastique fut dénoncé comme incompatible avec nos lois, et avec les principes de tout gouvernement bien ordonné.

Un roi faible qui ménageait les Jésuites sans les aimer, et qui était intimidé par leurs ennemis qu'il n'aimait pas davantage, s'entremit comme médiateur, au lieu de se montrer en souverain; il crut pouvoir négocier avec les Jésuites eux-mêmes quelque réforme dans leur institut. Ces religieux ne s'aperçurent pas que le même sentiment de faiblesse qui avait déterminé la démarche du prince à leur égard, supposait d'avance que ce prince n'aurait ni la force ni la volonté de les protéger; ils se refusèrent à tout; ils subirent la peine de s'être rendus irréformables, ils furent dissous par des arrêts de toutes les cours du royaume.

Après avoir prononcé la destruction des Jésuites, les parlemens ne furent pas sans crainte sur la possibilité de leur retour. Le colosse abattu effrayait encore par sa masse. De-là, cette surveillance inquiète que l'on portait sur les différens ouvrages apologétiques qui parurent après coup pour la défense des religieux proscrits. C'est en dénonçant un de ces ouvrages rédigé par un écrivain de parti, et pour cela même intitulé : *Histoire impartiale des Jésuites*, qu'en l'année 1765, M. l'avocat général SÉGUIER, revenant sur une matière que l'on eût pu croire épuisée par les magistrats qui avaient parlé avant lui, développa de nouvelles vues sur la nature et les dangers du régime d'une société dont la passion jalouse était de dominer l'église et l'état, et qui, malgré son dévouement à la cour de Rome, était parvenue jusqu'à se rendre redoutable à cette cour même. M. SÉGUIER, en reconnaissant que cette société avait d'ailleurs bien mérité des sciences et des lettres, témoigna combien il regrettait qu'elle n'eût pas été assez sage pour se contenter de cette gloire.

L'abolition des Jésuites en France, prononcée par les tribunaux, avec l'appareil des formes judiciaires, et d'après des vues supérieures de gouvernement, de législation et d'ordre public, donna l'éveil aux souverains, et leur apprit le secret de leurs droits et de leur pouvoir dans les matières ecclésiastiques. Plusieurs princes promulguèrent des lois importantes sur ces matières. Le duc de Parme publia des édits pour régler la manière dont on devait disposer en faveur de la main-morte, pour mettre un terme aux abus des immunités des clercs, pour réformer l'administration de quelques monastères, pour fixer quelques points de jurisdiction, et pour améliorer certaines parties de la police extérieure du culte. La publication de ces édits, faite par un prince que la cour de Rome ne redoutait pas, réveilla les prétentions de cette cour; et dans le 18e. siècle, on vit Clément XIII fulminer (1) un bref portant cassation des édits du duc de Parme, avec défense à toutes personnes de les exécuter, sous peine d'encourir l'excommunication.

Le duc de Parme trouva des vengeurs dans tous les monarques catholiques. Le bref de Clément XIII fut proscrit en Espagne et à Naples.

En France, M. l'avocat général Séguier, dont le zèle n'avait pas besoin d'être averti, s'éleva avec force contre une entreprise qui attentait aux droits de la souveraineté, droits dont

(1) Ce bref est à la date du 30 janvier 1768.

la défense est solidaire entre tous les souverains.

L'indépendance des couronnes et de la législation de chaque état, est le droit commun des empires. La voie de la cassation ou de l'abrogation, employée au nom du Pape contre les lois d'un prince, supposerait dans le souverain Pontife une autorité universelle et supérieure qui détruirait cette indépendance, qui dégraderait les nations et leurs augustes chefs.

La menace des censures ecclésiastiques pour appuyer une entreprise révoltante, rend cette entreprise plus révoltante encore ; car vouloir soutenir par le glaive spirituel des usurpations sur la temporalité des états, c'est blesser la sûreté et méconnaître l'essence des gouvernemens humains, c'est offenser la religion, c'est renverser l'ordre établi par le créateur qui a laissé le gouvernement temporel des états aux enfans des hommes. Dans les choses même spirituelles qui sont du domaine inné de l'église, les Papes les plus vertueux et les plus éclairés, lorsqu'ils ont cru avoir à se plaindre d'un monarque pour quelques lois contraires aux intérêts religieux, n'ont procédé que par la voie de la représentation et de la prière.

La majesté inviolable des rois, le titre de protecteurs de l'église imprimé sur leur front par le roi du ciel qui a daigné annoncer lui-même dans les livres saints qu'il avait pris pour alliés les princes de la terre ; la crainte de compromettre les églises nationales et la paix des empires, l'horreur du schisme, tout affranchit les rois de l'excommunication. La défense si connue d'excommunier la multitude s'applique avec plus de force au chef de la société dont le souverain de l'univers s'est réservé à lui seul de juger les justices.

Ce qu'on ne peut contre le souverain, on ne saurait le pouvoir contre ses officiers, et même, pour des intérêts civils ou politiques, contre le moindre de ses sujets : l'injure ou l'attentat retomberait sur le souverain lui-même.

M. SÉGUIER, en développant avec énergie ces grands principes, se montra digne de ses ancêtres (1) et de tous les hommes illustres qui l'avaient précédé dans l'exercice de l'im-

---

(1) PIERRE SÉGUIER, président à mortier au parlement de Paris, porta à HENRI II, le 16 octobre 1555, les remontrances de sa cour contre l'établissement de l'inquisition en France ; et sa harangue au roi, pleine d'une respectueuse liberté, détermina le succès de cette démarche. (*Histoire de France, par GARNIER, continuateur de VELLY ; in-12, tom. 27, pag. 54*).

portant ministère qu'il remplissait. Si la France n'a jamais subi le joug ultramontain, si elle a su échapper aux dangers et aux fureurs de l'inquisition, si dans les temps les plus difficiles elle est parvenue à faire reconnaître son indépendance par les Papes eux-mêmes, elle en est redevable à ces grands corps de magistrature qui ont défendu en tout temps avec autant de fidélité et de courage que de lumières, le dépôt sacré de nos franchises et de nos libertés.

Nos anciens souverains faisaient d'autant plus de cas de l'appui et des services des magistrats, que n'osant se livrer, par respect pour la religion, à des actes de violence et de schisme, ils trouvaient utile que la magistrature écartât, par l'instruction, bien plus que par la puissance, les systèmes d'une fausse théologie. Il faut même avouer que cette manière d'opposer aux ultramontains les jurisconsultes etles magistrats, a été la plus efficace pour le maintien de nos maximes nationales : car des ruptures ouvertes, des hostilités ne détrompaient personne. Les agitations et les troubles renaissaient toujours; les violences ne faisaient qu'aigrir les préjugés. Mais quand on sut employer l'art d'opposer des distinctions à d'autres distinctions, des principes à des sophismes, des raisonnemens solides à des textes mal appliqués ; quand on sut avec les régles d'une saine critique, distinguer les faux documens d'avec les véritables, et ramener la religion à la sainte et majestueuse simplicité des premiers âges, on n'eut plus à redouter des censures et des entreprises que la religion mieux entendue désavouait elle-même. Les attentats et les abus devinrent moins fréquens ; la science désarma l'ambition ; les gouvernemens furent plus fermes, et les peuples plus instruits et plus tranquilles.

Nous touchons à des événemens au milieu desquels l'éloge de M. SÉGUIER va se confondre avec l'histoire générale de la magistrature, et avec l'histoire même de l'état.

Les parlemens étaient placés entre le souverain et le peuple ; ils avaient la vérification et le dépôt des lois ; ils étaient devenus puissans, parce qu'ils avaient su se rendre utiles. Dans la longue durée de ces corps antiques, les brillantes époques de leurs services et de leurs travaux, sont celles où ils ont organisé le gouvernement civil de la France, et opposé une salutaire barrière aux abus du gouvernement militaire ; celles où ils ont abattu les justices tyranniques des seigneurs, en relevant le pouvoir, et en améliorant les formes des justices royales ; celles où par une jurisprudence éclairée, ils ont miné les maximes barbares de la féodalité, pour leur substituer des maximes plus appropriées à la véritable monarchie ; celles enfin, où ils sont parvenus à nous défendre, avec tant d'avantages, contre les terribles fléaux du fanatisme et de la superstition.

Les temps de minorité avaient toujours été favorables aux parlemens ; aussi, de nos jours, leurs prétentions s'étaient accrues depuis la régence. Ils venaient récemment de faire un essai de leurs forces dans l'importante affaire des Jésuites. Ils étaient séduits par les idées et les théories nouvelles qui circulaient autour d'eux, et que la dernière révolution d'Angleterre avait jeté dans le monde, sur la division des pouvoirs publics, sur leur contre-poids, leur balance et leur équilibre, sur la constitution des monarchies limitées, et sur celle des gouvernemens mixtes ou représentatifs. Les magistrats les plus autères et les mieux intentionnés se livraient avec complaisance à l'ambition et à l'espoir d'étendre le cercle de leurs attributions, et même d'en changer la nature.

On avait dit depuis long-temps que la justice souveraine de nos anciens monarques était une en divers ressorts. Cette pensée morale fut transformée en principe politique. Les parlemens prétendirent qu'ils ne formaient tous qu'un parlement unique divisé en plusieurs classes, et que la vérification qu'ils faisaient de la loi, la complettait en préjugeant l'acceptation du peuple. L'idée était grande ; mais on peut dire qu'elle l'était trop. Car une telle idée était mal assortie à l'origine des parlemens, qui était toute royale ; et à leur organisation qui ne comportait ni délibération ni volonté commune. En effet, ils étaient constitués en différens corps distincts par les époques successives de leur établissement, séparés par le territoire, et plus encore, par l'opposition des coutumes, des priviléges et des intérêts des provinces dans lesquelles ils se trouvaient établis pour administrer la justice.

La nouvelle doctrine ne fut qu'un rêve ingénieux aux yeux des jurisconsultes et des savans. La cour y aperçut un système combiné de résistance et de révolte. Malheureusement l'expérience parut justifier les inquiétudes de la cour.

Il faut connaître le temps auquel nous étions arrivés. Tout avait insensiblement changé de face en Europe, depuis que la masse des richesses mobiliaires, augmentée chaque jour par les rapides développemens du commerce, avait déplacé la force des empires, et donné une nouvelle direction à leur politique. Le besoin de ces richesses disponibles obligeait les souverains et les grands à se rapprocher des citoyens ordinaires qui exerçaient les professions lucratives : ceux qui avaient la puissance sentaient la nécessité de se concilier ceux qui possédaient la fortune.

Le commerce, source des principales richesses mobiliaires, avait pris un nouvel essor. Les négocians n'étaient plus, comme autrefois, des êtres obscurs et isolés ; ils étaient répandus partout. Les opérations de cette classe d'hommes se trouvant désormais liées à des questions de gouvernement et d'administration, ils avaient sans cesse les yeux ouverts sur les procédés de l'administration et du gouvernement. Le commerce est la profession de gens libres et égaux. Il est ennemi de toute gêne. Son influence étant fondée sur une espèce de richesses que l'on peut facilement faire circuler partout, et rendre, pour ainsi dire, invisible ; les commerçans ont une grande idée de leur indépendance et de leur force. L'autorité était sans cesse occupée à les ménager, et rarement elle réussissait à les satisfaire.

D'autre part, on avait vu naître le système de la dette publique, et de ce système était sortie cette multitude de citoyens méfians et inquiets qui, ayant leur fortune particulière liée à la fortune de l'état, devenaient par cela même, les censeurs-nés de toutes les opérations faites par ceux qui régissaient l'état. Ils passaient leur temps à proposer des plans de contributions ou des projets de réforme : ils étaient toujours prêts à recevoir l'allarme ou à la donner.

Il arriva que le bon ton fut de s'occuper des matières d'administration et d'économie politique ; l'esprit de discussion et de censure, venant se joindre à l'esprit de société qui distingue notre nation entre toutes les autres, eut des effets incroyables. Les écrivains se divisèrent en différentes sectes. La plupart frondèrent tout pour complaire à l'esprit frondeur ; il devenait toujours plus difficile de régir les affaires publiques. Ce qui augmentait les difficultés et les embarras, c'est que, sous un prince faible et au milieu d'une cour corrompue, on était plus impatient de dissiper et de jouir, que jaloux de bien administrer.

Dans un tel ordre de choses, les parlemens eurent des occasions plus fréquentes de résistance. Ils étaient souvent provoqués par ce qu'on appelait l'opinion, et ils la provoquaient à leur tour. Ils multipliaient leurs remontrances ; pour se rendre populaires, ils donnaient à ces remontrances, par la voie de l'impression, un caractère de publicité qui déconsidérait le monarque et ne l'éclairait pas. Voulait-on mettre un terme à ces réclamations éternelles ? les magistrats offraient la démission de leurs offices ou ils cessaient d'en remplir les fonctions. Le prince cédait par faiblesse ou frappait sans discernement ; la résistance était encouragée par le succès, ou se croyait honorée par la disgrace.

A Dieu ne plaise que je veuille méconnaître les grands services que les compagnies souveraines ont rendu à l'ancienne monarchie par leurs représentations et leurs lenteurs. Elles ont été une barrière utile contre les vices des courtisans, et souvent même contre la générosité et les vertus des princes : mais le magistrat paraissait avoir trop oublié qu'il n'avait été établi auprès du monarque, que pour y remplir l'office religieux de la conscience, et non pour exercer sur sa tête l'autorité d'un maître.

Sur ces entrefaites, de grands troubles éclatent en Bretagne ; tous les parlemens prennent une part active à ces troubles. Des haines ou des vengeances particulières deviennent des affaires publiques. Après la plus longue et la plus terrible lutte entre l'autorité royale et les compagnies souveraines, le prince tient un lit de justice le 7 décembre 1770, pour rappeler ces compagnies aux principes de leur première institution. Il fait publier des édits qui proscrivent les doctrines contraires à ces principes.

M. l'avocat général SÉGUIER prononce dans cette séance solennelle, un discours dans lequel, cherchant à défendre l'honneur de sa compagnie sans blesser les droits du souverain, il proteste que jamais les parlemens ne chercheront à s'écarter du respect et de la soumission due à l'autorité royale; que s'ils avaient multiplié les remontrances et les représentations, c'est que cette autorité elle-même, quelle qu'en soit l'étendue, se plait à se laisser tempérer par la bonté. L'orateur ajoute que les rois sont les images vivantes de la divinité sur la terre, et que la divinité ne craint pas d'être importunée par la prière. Il demande que l'on retire des lois qui seraient un monument de honte pour toutes les cours souveraines du royaume.

De plus fortes épreuves attendaient ce magistrat. Les lois ne furent pas retirées. Le parlement de Paris que le préambule de ces lois offensait et n'intimidait pas, cessa de rendre la justice.

Pour avoir été trop long-temps incertaine dans sa marche, l'autorité royale fut forcée dans ses derniers retranchemens. La corruption et les intrigues qui infectent les cours sont mauvaises ménagères de la puissance. On n'avait jamais su, dans l'occasion, prendre un parti décisif; on fut entraîné à un parti extrême. On se crut obligé de détruire la magistrature, parce qu'on n'avait su ni la diriger, ni la contenir.

Tout-à-coup les magistrats de la première cour souveraine de France sont dispersés par l'exil, et relégués dans des maisons de force ou à une grande distance de la capitale. Le 13 avril 1771, le monarque tient un nouveau lit de justice pour organiser et consommer leur remplacement.

M. Séguier, connu par la modération de ses principes, n'avait point été compris dans la disgrace commune. Il reçut ordre de se trouver au lit de justice et d'y remplir les importantes fonctions de sa charge. Quel moment pour ce magistrat! Seul au milieu des ennemis de la magistrature, isolé de tous les collègues estimables dont il avait pendant sa longue carrière partagé si glorieusement les travaux et les vertus;

entouré d'hommes étrangers qui étaient étonnés de leur propre élévation, placé au pied du trône et sous les yeux d'un monarque trompé par tant de prestiges, et aigri par tant de machinations, quelles paroles pourra-t-il faire entendre, et pour qui élévera-t-il sa voix dans ce nouveau sanctuaire ?

Parlera-t-il pour des magistrats qui ne sont plus ? Se réunira-t-il à des magistrats qui ne sont point encore ? La foudre qui avait frappé sa compagnie, menaçait toutes les autres. Dans une situation aussi orageuse, il fallait que le sentiment du devoir l'emportât sur tout autre sentiment, et que l'honneur parlât plus haut que la crainte dans l'âme d'un magistrat subitement jeté au milieu d'une assemblée qui n'offrait à ses regards que le courroux du maître et l'appareil imposant de sa puissance.

M. Séguier s'éleva au-dessus des considérations ordinaires ; il se constitua l'organe de la nation entière. Sans avoir partagé les torts et l'exagération de ses collègues, il ne redouta pas le risque de partager leur malheur. Dépouillé de ses anciennes fonctions, dédaignant les fonctions nouvelles qui lui étaient offertes, il se créa, pour ainsi dire, à lui-même une magistrature extraordinaire et passagère, dont il ne pouvait trouver le titre que dans sa fidélité et dans son courage. Il s'adressa au cœur du monarque sans braver son autorité. Il chercha à intéresser sa pitié pour désarmer sa sévérité. Il dénonça les hommes perfides qui feignent, dans les cours, de travailler pour le prince, lorsqu'ils ne travaillent que pour ses courtisans contre lui. Il exposa les suites affreuses que pouvait entraîner dans une monarchie usée, un événement qui menaçait la stabilité de toutes les institutions nationales et la sûreté du monarque garantie par ces institutions. Car on ébranlait le trône, en détruisant des établissemens que la conduite des rois et le respect des peuples nous avaient présentés jusqu'alors comme aussi inébranlables que le trône même.

Ainsi se termina dans cette mémorable occurrence, la mission d'un magistrat qui ne mit jamais les périls en balance avec les devoirs, qui consacra par sa démission et sa retraite les grandes vérités qu'il venait de proclamer, et qui sut constamment demeurer fidèle à sa patrie, à son prince et à son honneur.

Les nouvelles cours de justice, formées à la hâte et sans choix, ne furent jamais bien affermies dans l'opinion. LOUIS XV meurt. Un nouveau règne ranime toujours les espérances des persécutés et des mécontens ; celles des anciens magistrats ne furent pas trompées. Il avait été désastreux de les détruire ; il fut peut-être impolitique de les rétablir. Par cette opération, on sacrifiait des hommes qui avaient écouté la voix de leur prince ; et aux yeux de tous les citoyens, on rendait le dévouement à l'autorité plus périlleux que la résistance. La monarchie était attaquée dans son principe, et ce qui est pire, elle l'était par le monarque lui-même.

Le rappel des anciens magistrats du parlement de Paris à leurs premières fonctions, fut consommé dans un lit de justice tenu le 12 novembre 1774. C'est en sortant de la retraite honorable à laquelle il s'était volontairement condamné pendant les jours mauvais, que M. l'avocat général SÉGUIER porta au pied du trône les acclamations du peuple et les bénédictions de la magistrature. Il compara les temps de consternation et de terreur où chaque nouvelle loi était une tempête, avec les jours plus sereins qui commençaient à luire, et où chaque nouvelle loi s'annonçait comme un bienfait. Il sut réveiller et fixer l'attention du monarque sans blesser la délicatesse de ses collègues qui eussent dédaigné tout ce qui aurait eu les apparences affligeantes d'un pardon ; il eut le grand art de présenter la réintégration des parlemens, comme étant à la fois de la part du prince, l'exercice le plus solennel de sa justice, et l'acte le plus éclatant de sa bonté.

A la première ouverture des audiences qui suivit le rétablissement de sa compagnie, M. SÉGUIER prononça un discours sur *l'amour de la gloire*, si différent de l'amour de la célébrité : car on peut obtenir la célébrité par des crimes, et la gloire ne couronne que la vertu. L'orateur, dans ce discours, peignit avec les plus vives couleurs le passage rapide de quelques hommes si puissans la veille, que l'intrigue avait fait asseoir sur les marches du trône ; qui, pour s'y maintenir, avaient foulé aux pieds les lois de leur patrie, en avaient renversé les principales institutions, et osaient donner le nom de paix à cette dévastation universelle. M. SÉGUIER établit ensuite qu'il y a une véritable gloire pour l'auguste profession des lois, comme il en est une pour la brillante profession des armes. Dans un moment où la magistrature semblait renaître, le sujet avait été sagement choisi, pour consoler les magistrat de leurs malheurs passés, et pour encourager leurs pénibles efforts dans la nouvelle carrière qui s'offrait à leur zèle et à leurs importans travaux.

Les discussions qui avaient eu lieu, dans les dernières années du règne de LOUIS XV, sur les principales matières d'économie et d'administration, avaient mûri un petit nombre de vérités, et elles avaient produit un plus grand nombre de systèmes. Le nouveau roi, tourmenté par les plaintes et les murmures qui ne cessaient d'éclater contre les abus du précédent règne, était disposé aux changemens et aux réformes. Il avait placé à la tête de ses finances un ministre qui voulait le bien, et qui l'eût infailliblement opéré, s'il avait été moins absolu dans ses principes et moins précipité dans ses opérations. Ce ministre avait des idées libérales et des vues profondes. Mais, ce qui est un inconvénient grave en administration, il jugeait peut-être trop des hommes par les choses, et pas assez des choses par les hommes.

Il se hâta de manifester, du moins en partie, ses maximes et ses plans d'administration et d'économie politique. Il fit proclamer la liberté du commerce des grains, l'affranchissement de tous les priviléges exclusifs qui entravaient le commerce des vins dans nos principales villes et dans une multitude de terres seigneuriales. Il fit proclamer encore l'abolition des corvées et celle des jurandes. Diverses lois relatives à ces objets majeurs, furent adressées au parlement de Paris, qui en refusa l'enregistrement. Ces lois avaient été favorablement accueillies par le public. Encouragé par l'opinion, le souverain crut pouvoir, sans danger, déployer toute sa puissance : il tint un lit de justice le 12 mars 1776.

Dans ce lit de justice, M. l'avocat général SÉGUIER, que les nouvelles théories ne rassuraient pas contre l'expérience, développa avec le courage du magistrat, et avec la sagesse d'un administrateur les considérations qui motivaient la résistance de sa compagnie.

En discutant la loi relative à la liberté du commerce des grains, il représenta combien cette liberté pourrait devenir funeste, si on ne continuait à la modifier par les réglemens qui avaient garanti jusqu'alors la subsistance de la capitale et celle de la nation entière.

Gardons-nous, en effet, de confondre la liberté du commerçant avec la liberté du commerce ; gardons-nous surtout de séparer l'intérêt du commerce d'avec l'intérêt de l'état : alors nous nous résignerons à souffrir les réglemens et les gênes salutaires qui défendent le bien général contre les fausses spéculations de l'avidité, contre toutes les fraudes particulières ; et nous apprendrons à porter docilement le joug de la félicité publique.

Sans doute on gouverne mal, quand on gouverne trop ; mais le pire des gouvernemens est celui qui manque de prescience, et qui se repose uniquement sur les intérêts privés, du soin de pourvoir à des objets essentiellement liés au salut et à la tranquillité des empires.

M. Séguier, passant ensuite à l'examen de la loi portant suppression des corvées, applaudit à une mesure commandée par la justice, et sollicitée depuis si long-temps par l'humanité.

La censure de l'orateur se borna à la disposition de cette loi qui remplaçait le service personnel des corvées par la levée d'une imposition en argent sur les propriétés foncières. Il regardait, comme contraire à l'équité naturelle, un système d'imposition qui ne pesait que sur une classe particulière de citoyens, et dont l'établissement était relatif à des objets qui les intéressaient toutes.

M. Séguier n'eut garde d'employer son ministère à défendre les priviléges exclusifs qui désolaient les principales branches de notre commerce national : ces priviléges tuent l'industrie, ils blessent la justice, ils sont contraires aux vues de la nature qui destine ses dons à l'universalité. Mais l'orateur crut devoir réclamer la conservation des jurandes.

Les jurandes naquirent à mesure que les différens arts se multiplièrent, et que l'on commença à jouir des avantages qu'ils procurent. Elles furent dans leur origine des établissemens de police, et non des expédiens de finance, ni des concessions arbitraires de priviléges. Les lois sont un levier qui cesserait d'être proportionné à la masse qu'il doit mouvoir, s'il n'était aidé par des forces secondaires et sagement distribuées. En conséquence, on imagina de diviser en petites sociétés les hommes qui exerçaient les différens arts; on créa dans chacune de ces sociétés une discipline particulière et une sorte de magistrature privée dont la surveillance immédiate et continue devenait une garantie pour la société générale. Les jurandes furent un grand principe d'ordre et un grand moyen de gouvernement.

Un état n'est point organisé s'il n'offre qu'un assemblage vague et informe d'individus épars sur un immense territoire. On a besoin de classer les hommes si on veut plus facilement les diriger et les conduire.

Chaque jurande devenait, pour ceux qui la

composaient, une petite patrie qui les attachait et les subordonnait à la grande. Chaque membre de la jurande avait, pour ainsi dire, un public à sa portée, dont il ambitionnait la confiance et dont il redoutait le jugement : il était surveillé par ses Pairs. Il en recevait des secours dans le malheur, et il en subissait la censure, s'il s'y exposait par sa conduite ou par ses vices. Les jurandes avaient été des institutions admirables, tant que le fisc n'en défigura pas les règlemens ; tant qu'on eut pour objet, non d'y trouver de nouveaux contribuables, mais d'y former de bons citoyens. Alors les talens n'étaient point comprimés par les exactions, et ils trouvaient les plus forts encouragemens dans les heureux liens d'une association commune : il eût donc été sage de respecter les jurandes, et de n'en réformer que les abus.

Telles furent les représentations du ministère public, selon l'usage l'enregistrement forcé des lois proposées fut le résultat du lit de justice. Mais bientôt après on retira ou on modifia les mêmes lois, et le ministre fut sacrifié. La marche de l'autorité, dans cette occasion, découragea tous ceux qui aimaient leur patrie ; car on parut ne céder qu'à l'intrigue, après avoir résisté à la raison.

Dès ce moment l'idée d'un avenir consolant et réparateur sembla s'éloigner. Dans le long cours du précédent règne, on avait été au mal par une pente rapide : on ne pouvait remonter au bien que par un effort. Mais cet effort, comment pouvait-on l'espérer d'un gouvernement qui n'annonçait aucuns principes fixes et qui était si variable dans ses résolutions ?

Bientôt il y eut autant de mobilité dans les systèmes que dans le choix et le déplacement des ministres. L'autorité, livrée à tout vent de doctrine, flottait comme au milieu d'une mer orageuse. Il n'y avait de constant que le changement perpétuel de toutes choses.

Cependant comme l'esprit d'amélioration et de réforme était dans les intentions et le caractère personnel du souverain, et comme il devenait toujours plus dominant dans la nation, chaque nouveau ministre se montrait avide de présenter quelque nouveau plan. Les administrations provinciales, dont M. TURGOT avait jeté les premiers fondemens, furent établies ; mais on ne les organisa point dans l'esprit de la monarchie, et moins encore dans l'intérêt du monarque : leur régime fut tel, qu'un favori ou un seigneur mécontent pouvait venir dans sa province solliciter et obtenir la faveur du du peuple, pour se consoler d'avoir perdu celle du souverain. Si l'on opéra des retranchemens économiques sur les dépenses de l'état, ces retranchemens ne frappèrent que sur les dépenses établies pour maintenir la dignité de la couronne et la sûreté même du prince ; on n'eut pas le courage de diminuer celles qui fournissaient obscurément aux vices, aux demandes importunes et aux désirs immodérés des courtisans. Qu'en arriva-t-il? Les réformes ne firent pas cesser les abus, et elles devinrent elles-mêmes des dangers. Les finances continuèrent d'aller en se dégradant, et la dégradation des finances précipitait celle des mœurs.

Tout ce qui environnait le gouvernement, ne contribuait qu'à l'égarer et à multiplier sous ses pas les embarras, les difficultés, les incertitudes. Les premiers ordres de l'état restaient attachés à leurs priviléges, mais ils ne conservaient plus leurs principes. L'esprit militaire s'éteignait de jour en jour dans les douceurs d'une longue paix, et on ne faisait rien d'utile pour le soutenir ou pour le faire revivre. On croyait même sérieusement que nous allions devenir assez raisonnables, pour réaliser le rêve de l'abbé de Saint-Pierre sur l'établissement d'une paix constante et universelle. Les parlemens n'étaient plus réputés indestructibles; ils avaient recouvré leurs anciennes fonctions sans pouvoir recouvrer leur ancienne influence. Toutes les institutions dépérissaient à la fois, leurs formes demeuraient entières, mais l'âme n'y était plus.

Dans le corps de la nation l'industrie était grande, mais l'inquiétude était plus grande encore. Les diverses classes de citoyens agissaient et réagissaient perpétuellement les unes sur les autres. L'éducation, les lumières et la richesse rapprochaient des hommes que des distinctions affligeantes continuaient de séparer. L'esprit général tendait à l'égalité et souffrait impatiemment les préférences. On venait de refaire les sciences; ils ne s'agissait de rien moins que de reconstruire la société.

Dans cette situation, les grands seigneurs, les personnes en place, avaient un langage pour les cercles et un autre langage pour les affaires; ils prêchaient les réformes, et ils travaillaient à se maintenir dans les abus; ils affichaient dans les salons des opinions populaires, et ils manifestaient dans les conseils des prétentions qui ne l'étaient pas: ils semblaient ne vivre que de contradictions et d'inconséquences.

Cet ensemble de choses ne pouvait échapper à un magistrat observateur. Aussi M. l'avocat général SÉGUIER, dans un discours sur l'*esprit du siècle*, prononcé le 23 octobre 1785, à l'ouverture des audiences, développa ses craintes et ses alarmes sur l'avenir; il fixa les causes qui préparent la chûte des Empires; et portant des regards inquiets sur tout ce qui se passait autour de lui, il eut le courage d'interroger les ministres des lois, et de leur demander avec une fermeté mêlée d'un salutaire effroi, s'il était possible de se méprendre sur les tristes présages et les funestes avant-coureurs d'une révolution prochaine.

Plus les temps étaient difficiles, plus M. SÉGUIER, comme une sentinelle vigilante, redoublait de sollicitude et de zèle.

Ainsi à l'occasion des faillites scandaleuses que le déplorable état de nos mœurs commençait à multiplier dans les dernières années de notre ancienne monarchie, on vit ce magistrat provoquer des réglemens publics pour faire rentrer le commerce dans le sein de la probité. La profession de commerçant est semée de hasards et de périls : tout est perdu, si aux dangers de la chose, viennent se joindre les fraudes de l'homme. Dans une profession qui ne peut prospérer que par la confiance, il importe que la foi particulière ait toute la force de la foi publique.

On sait encore avec quelle indignation il s'éleva contre la terrible passion du jeu qui faisait chaque jour de nouveeux progrès, et produisait de nouveaux désastres. Il indiqua des mesures efficaces pour arrêter au moins les excès d'un mal que l'on ne peut entièrement empêcher. S'il est des vices que l'on est obligé de tolérer, il faut les flétrir, et non les honorer en les tolérant. Malheureusement les précautions du magistrat ne pouvaient lutter avec avantage contre le torrent des mœurs. La corruption descend des grands aux citoyens ordinaires. Les mœurs de la cour deviennent bientôt celles de la ville. Comment réprimer alors par des réglemens, des vices encouragés par le poids et l'éclat des exemples ?

Le moment arrive où pour la seconde fois dans le cours de sa brillante carrière, M. l'avocat général Séguier va être violemment arraché à ses fonctions.

Le désordre toujours croissant des finances, aggravé par une sorte d'absence de tout gouvernement, avait amené de nouveaux chocs entre l'autorité royale et la magistrature. Les parlemens, désespérant de trouver un appui dans un ordre de choses qui s'écroulait, firent un appel à la nation ; en invoquant ses droits, ils se promettaient d'intéresser sa reconnaissance. Ils abdiquèrent hautement la trop dangereuse mission de vérifier les lois bursales ; ils déclarèrent qu'il était au-dessus de leur pouvoir de sanctionner les impôts, et qu'il n'appartenait qu'au peuple de les consentir.

Cette déclaration solennelle fut comme le signal d'alarme dans le péril imminent d'un naufrage.

La cour vit le danger qui la menaçait, et ne sut pas le prévenir. Un ministère remuant et inepte frappa subitement d'interdiction toutes les cours souveraines, et voulut élever sur les ruines et les débris de ces grands corps, une sorte de *Cour plénière* qui ne pouvait, dans aucun cas, représenter le peuple, et dont l'existence pouvait devenir aussi dangereuse pour le souverain que pour le peuple lui-même.

Des changemens aussi précipités et aussi peu réfléchis, loin d'affermir le trône et l'état, ne contribuaient qu'à justifier l'idée généralement répandue qu'un grand changement était nécessaire dans la constitution de l'état. On réveillait les novateurs sans les satisfaire.

Tous les ordres reclamèrent contre les nouvelles lois, et ils demandèrent d'une voix unanime la convocation des états généraux, comme n'y ayant plus que la nation qui pût veiller sur ses propres intérêts et sur ceux du trône.

Le prince cède à l'orage. Les parlemens sont rappelés, et la convocation des états généraux est solennellement annoncée.

Les espérances publiques parurent renaître. M. l'avocat-général SÉGUIER se félicita, dans cette occasion, d'en être le premier dépositaire, et d'en devenir le premier organe auprès du souverain. Il vint aux pieds du trône porter l'expression consolante de la reconnaissance nationale. Il fit le parallèle intéressant des lois désastreuses qui avaient soulevé tous les ordres; et de la dernière loi par laquelle le monarque s'abandonnant généreusement à la nation, se reposait sur elle de l'honneur et de la sureté de sa couronne, comme du bonheur de la nation elle-même.

A la même époque, M. SÉGUIER prononça à l'ouverture des audiences, un discours sur *la stabilité de la magistrature*, discours dans lequel il proclama, en quelque sorte, l'éternité de ces grands corps qui avaient traversé tant de siècles, résisté à tant de secousses, et triomphé de tant d'ennemis.

Mais ce magistrat, séduit par l'enthousiasme qui éclatait de toutes parts, ne s'apercevait pas que le sort des parlemens se trouveit lié à celui d'une monarchie qui tombait en ruines. Déjà leur existence était dénoncée au public comme un obstacle à l'établissement de la liberté politique et à toute réforme salutaire. Ce qu'ils appelaient maxime, on l'appelait erreur ou préjugé ; ce qu'ils appelaient règle, on l'appelait abus. Surtout on redoutait en eux cet esprit conservateur qui repousse les nouveautés dangereuses, qui retarde quelquefois les corrections utiles, qui est peut-être moins recommandable par les biens qu'il fait que par les maux qu'il empêche, et qui n'avait jamais entièrement abandonné les magistrats dans leurs égaremens mêmes.

Parmi les attaques qui furent dirigées contre les parlemens, on distingua un écrit, connu sous le titre de *Mémoire pour les trois roués*; l'auteur de ce mémoire s'était fortement élevé contre la jurisprudence des tribunaux en matière criminelle : M. l'avocat-général SÉGUIER crut devoir défendre l'honneur de la magistrature et faire respecter la sagesse des lois. Il développa dans une discussion approfondie tout le système de notre ancienne législation, sur la nature des peines et l'instruction des crimes. Ce magistrat ne pouvait être soupçonné de méconnaître les droits de l'humanité. On sait que dans la fameuse affaire du général LALLY, il avait opiné avec courage pour l'absolution de cet intéressant accusé, devenu trop célèbre par ses malheurs, après l'avoir été par tant de bravoure, de services et de générosité; et qu'il développa dans les délibérations du parquet, toutes les raisons présentées depuis avec tant d'énergie, de sentiment et d'éloquence par la piété filiale (1).

C'est au milieu d'une fermentation universelle que les états généraux furent convoqués dans la capitale, c'est-à-dire, dans le centre de toutes les passions, de tous les intérêts et

(1) La mémoire de M. de LALLY fut défendue devant le Conseil du Roi et devant plusieurs Cours souveraines de France par un fils que la nation compte parmi ses premiers orateurs, digne surtout de la définition de Cicéron : *Vir probus dicendique peritus.*

de toutes les intrigues. Ce grand événement eût pu devenir moins fatal à l'ancienne monarchie, s'il avait été conduit avec plus de sagesse, ou s'il se fût rencontré un de ces hommes rares qui forcent le respect, qui commandent pour ainsi dire aux vents et à la tempête, et qui sont si nécessaires dans ces temps d'agitation et de crise, où les esprits jetés loin des routes ordinaires, ont plus besoin que jamais d'un modérateur et d'un guide. Mais la faiblesse du gouvernement se laissait entraîner par les circonstances, sans les diriger ni les prévoir. On eût dit que le hasard seul était chargé de remplir l'office de la politique.

Jusqu'ici notre histoire nous avait présenté le tableau d'une foule de guerres civiles sans révolution. Tout à coup la révolution la plus absolue éclate sans guerre civile : c'est que les lois et les établissemens que cette révolution renversait, n'avaient plus de racines dans l'opinion ni dans les mœurs. La destinée des gouvernemens, comme celle des hommes, est de naître, se fortifier, dépérir et s'éteindre.

La magistrature tombe au moment où le trône chancelle. Des agitateurs habiles à remuer la lie et le fonds des états, soulèvent une multitude obscure contre tous les hommes qui avaient un caractère public, et que l'on soupçonnait de conserver quelque influence. M. SÉGUIER, pour se soustraire aux dangers auxquels sa célébrité l'exposait, se retira dans la ville de Tournai, qui a été le berceau de la monarchie française, et où il est mort le 26 janvier 1792.

L'honorable et important office d'avocat général, avait été créé sur la tête d'un de ses ancêtres; il venait de périr sur la sienne.

Les derniers regards de M. SÉGUIER dirigés vers sa patrie, furent frappés des maux qui la déchiraient alors, et dont l'affreuse image le suivit jusques dans la nuit du tombeau. La mémoire de ce magistrat sera toujours chère à ceux qui aiment les lettres, la justice et les lois. Que n'a-t-il assez vécu pour être témoin des succès d'un fils, héritier de ses talens et de ses qualités, qui préside avec tant de distinction une des principales cours de justice de cette capitale! Que n'a-t-il pu voir la nation française renaître, pour ainsi dire, de ses cendres, s'élever avec toute la maturité d'un ancien peuple, et toute la vigueur d'un peuple nouveau, marcher à la prospérité et au bonheur par les routes brillantes de la gloire, compter autant de héros que de soldats dans ses armées, parvenir à un degré de considération et de puissance qu'aucune expression ne peut atteindre, et enfin obtenir entre tous les peuples le titre de la Grande Nation, si bien mérité par les prodiges dont nous sommes redevables au génie du plus grand des hommes !

FIN.

www.ingramcontent.com/pod-product-compliance
Ingram Content Group UK Ltd.
Pitfield, Milton Keynes, MK11 3LW, UK
UKHW020329250726
13967UKWH00004B/1937

9 782013 055